マリリン・モンローの「ほくろ」をつくれ！

異彩を放ち「競合に勝つ」セールスポイントのつくり方

加藤洋一 著

セルバ出版

はじめに

世界中の男達を魅了してきた20世紀の大女優！

それがマリリン・モンローです。彼女が活躍した時代にもたくさんの女優（競合）がいたことは容易に想像ができます。そんな中、彼女は他の女優を押しのけて圧倒的に勝ちました。彼女の魅力には様々なものがありますが、その1つに「ほくろ」があります。

彼女は、意図的にほくろをつけていたという説があります。彼女に習えば、「異彩を放つセールスポイント」をつくることで、競合に勝つ大きな要因にすることができるのです。

この事実を現代社会における企業経営に応用しない手はありません。私の願いは、ただ1つです。この「異彩を放つセールスポイント」のつくり方を学んで競合に勝ち続けて欲しいのです。そのための具体的なやり方を多くの事例を踏まえて伝えさせていただきます。

本書を書くためのベースになっている本がございます。まずは、そちらを紹介させてください。世界28ヶ国語で刊行され、一流企業やビジネススクールで50年以上も読み継がれた広告・マーケティングの名著です。日本語版のタイトルは、

「USP」売上に直結させる絶対不変の法則　ロッサー・リーブス著（海と月社）

です。

日本では、企業のプロモーションを行う大手広告代理店の人達がこぞって読んだと聞き及びます。広告代理店の人は、伝えるプロです。そのプロ達がこぞって読むということは、伝えるために重要なエッセンスが含まれているからなのでしょう。

まさに「伝える技術」の古典といったところでしょうか。

是非、手にとって読んでいただきたいのですが、専門書ともいえるため、広告業界の方々でない人たちがこれを理解して実践することが難しいのも事実です。

私は、10年以上も前から、この本の内容を研究し、コンサルタントとしてクライアント様と二人三脚であらゆる業界にて実践を繰り返してきました。その最も重要な概念を「ＵＳＰ（ユニーク・セリング・プロポジション）」といいます。

「ＵＳＰ」の詳細については本文で紹介いたしますが、本書では、「ＵＳＰ」≒「異彩を放つセールスポイント」と認識しておいてください。これをつくることができれば、競合との競争に勝てるのです。

私の処女作は、「御社の売上を増大させるUSPマーケティング（明日香出版）」です。日本で唯一といっていいほど、「ＵＳＰ」を打ち出すことに特化した専門書でした。その処女作をベースに実践と改善を繰り返し、クライアント様に大きな成果を出してもらって来ました。

処女作の内容を大幅に加筆修正したのが本書です。特に「ＵＳＰ」≒「異彩を放つセールスポイント」を打ち出そうとすると必ず行き詰まるポイントを解消するノウハウを体系化しました。更には、新しい事例を追加して皆様に実践しやすくまとめました。是非ともご一読いただき、実践してみてください。必ず競合に勝ち続けられます。

２０１８年３月

加藤　洋一

マリリン・モンローの「ほくろ」をつくれ！―異彩を放ち「競合に勝つ」セールスポイントのつくり方　目次

第1章　異彩を放つセールスポイントをつくって競合に勝ち続けている成功事例！

第２章　広告や販促をどれだけがんばっても競合に勝てないのはなぜか

第3章　異彩を放ち「競合に勝つ」キャッチコピーのつくり方

第4章　異彩を放ち「競合に勝つ」広告・販促ツールのつくり方

第5章　異彩を放ち「競合に勝つ」USPマーケティング®

終章　御社ならではのマリリン・モンローのほくろをつくれ！

おわりに

序章　マリリン・モンローの「ほくろ」がなかったら、スターになれたか

1　1日5万件飛び込んでくる広告をイチイチ相手にしていられますか

商品多すぎぢゃない⁉

皆様の周りを見渡してみてください。大小さまざま、いろいろな商品が溢れていませんか？　自宅、オフィス、外出先には、ありとあらゆる「欲求を満たす」「悩みを解決する」商品があります。もうこれ以上新しいものを探すのが大変なくらいに溢れかえっています。

半世紀以上も前は、高度経済成長時代でした。戦後の復興を得て、誰もがこぞって「三種の神器」と呼ばれた家電「白黒テレビ」「洗濯機」「冷蔵庫」を買い漁ったと言われています。この時代は、現在と違って商品が少なかったのですが、「欲求を満たす」「悩みを解決する」代表格が三種の神器だったということが推察できます。言い換えると日本中のあらゆる人達が、「欲求を満たす」「悩みを解決する」ということを渇望していたのです。

この時代からはじまって、現在に至るまで商品がどんどん増えてきたということは、実感としてあるのではないでしょうか。その結果、あらゆる商品が溢れるまでになってしまったわけです。ここに至るまでに企業のあらゆる努力がありました。その大きな1つが広告です。当たり前ですが、商品を購入するためには、価値が伝わらなければなりません。そのため企業は、あらゆる広告を行ったのです。

朝から晩まで広告だらけの生活

今一度、1日の生活を振り返ってみてください。朝起きて、新聞を読むと下段にはたくさんの広告が載っています。テレビをつければCMが流れます。通勤途中にはさまざまな看板があります。駅構内には、フリーペーパーがあり、駅や電車にも広告がたくさんあります。

会社に着いて、パソコンを開くと、勝手にウインドウが開いて広告まがいの通知があります。グーグルで検索すると検索結果に広告があります。ホームページやブログを閲覧すると広告だらけです。最近では一度クリックした広告が後を追っかけてきます。まだまだありますが、この辺でやめておきましょう（笑）。

イチイチ反応できません

とにかく私達の生活には広告だらけです。一説によると、一個人が1日で広告に触れる総量は、5万件はあるとのことです。「5万件？　幾らなんでもそこまでは…」と思ったあなたは正解です。そのとおりです。実感値として5万件もありません。しかし、広告に触れているという点では5万件は決して大げさな数値ではないかもしれません。

つまり、私達の脳は、すべての広告に対して、いちいち反応しないようにできているからです。難しい理屈は割愛しますが、脳の構造上すべての広告に対応していられないので、自分に関心のないものは、ブロックされるようにできているのです。

2　関心のあるものは、目に飛び込んでくる摩訶不思議現象

なぜ引越屋の看板が飛んでくる⁉

こんな経験はないでしょうか。来年には、子供が小学校に入学するので、その前に引越しをしておきたい。そんな風に妻と予定を立てたときのことでした。私は普段の通勤ルートで会社に向かいます。いつも通っている道なので、入ってくる情報はいつもと一緒のはずです。それなのに、普段目にしない看板が飛び込んでくるではありませんか⁉

「A引越社、見積無料！　電話番号○○○―○○○○」という感じです。

通勤時以外に車を走らせているときも同様です。

今まで何度も通ったことのある道路でしたが、今まで観たこともなかった引越屋さんの看板が目に入ってきたのです。この2つの事象に共通することは、関心を持った途端、脳が情報を探し出し、キャッチしているという事実です。あなたもそんな経験ありませんか。

引越しに関心があるということで、脳には常に「引越のいい情報ってないかな?」という質問がセットされているような状態でしょうか。

だからこそ、今まで慣れ親しんだ生活導線上で、得られなかった情報が入手できたのです。

関心のないものはスルー

この事象を言い換えると、普段からも生活導線の中に引越屋の情報はあったのに、関心のない情報はスルーされているのです。脳には、自分に対して必要かどうかの検閲機能的なものが存在して、その検閲を突破できるか、ブロックされるかで情報が届くかどうかが決まってしまいます。

この脳の仕組みを知っておくかどうかが、ビジネスの命運を分けるといっても過言ではありません。当たり前ではありますが、自社商品の情報がターゲットの脳の検閲を突破しなければ売れるはずがないのです。

「目」と「身体」がフォーカス

ビジネスでは、自社商品がターゲットの脳の検閲を通過して興味を持ってもらわなければ話になりません。通常、我々は通勤途中に眼に入る物をボンヤリと捉えています。カメラでいうとピントをまったく絞っていない状態です。関心を持つ対象を見つけるとカメラのようにピントを絞ります。

仕事柄、展示会の出展を手伝うことが多いのですが、企画を練る際に、ブースの両サイド壁面にクライアント企業の商品をPRします。ターゲットであるお客様に関心を持ってもらいやすいように考えたものを実施します。展示会当日、あたりを観察していますと、歩いているターゲットのお客様が足を止めて、顔と身体をスーッと近づけてキャッチコピーを凝視し始めるのです。この状態がカメラでいうフォーカスしている状態です。

このように見込み客に関心を持ってフォーカスしてもらえるようにしなければならないのです。

3 「ほくろ」をつけて、目に飛び込ませる方法

マリリン・モンローの「ほくろ」がなかったら…

マリリン・モンローはご存知ですか？　年代にもよりますが、若い方でも名前くらいは聞いたことがあるくらい有名な女優さんではないでしょうか。マリリン・モンローといえば、セクシーなシンボルとして認識されています。彼女のセクシーさはいろいろとありますが、その重要な1つに「ほくろ」があります。一説によると彼女は「付けぼくろ」だったとも言われています。

この「ほくろ」が世界中の男を魅了し続けた彼女の「異彩を放つセールスポイント」であったことは間違いなさそうです。彼女に「ほくろ」がなかったら、歴史に名を残すほどの伝説の女優になっていなかったかもしれません。

女優だってたくさんいたら人気がでない!?

女優さんは、美人でそれなりの関門を潜り抜けてデビューしているので、希少性が高い人達ですよね。だから、世の男達の関心を捉えています。

もしもの仮定ですが、毎日の生活に女優と出会う機会がたくさん存在していたら…どこに行って

も女優だらけで毎日見慣れているという場合はどうでしょうか？　私達のビジネスフィールドというのは、そんな状態かもしれません。女優には関心があるけど、あちこちにたくさんいるので、ものすごく関心が高いという状態ではなくなっている。そんな感じかもしれません。

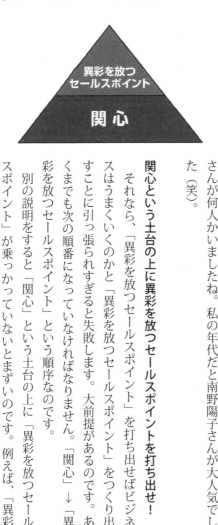

それではマリリン・モンローのような「口元にほくろ」がある女優ではありませんが、「異彩を放つセールスポイント」を打ち出した女優が登場したらどうでしょうか？　今よりも関心を高められるはずです。日本でも「ほくろ」が異彩を放ち、人気の出た女優さんが何人かいましたね。私の年代だと南野陽子さんが大人気でした（笑）。

【図表１　関心と異彩の関係性】

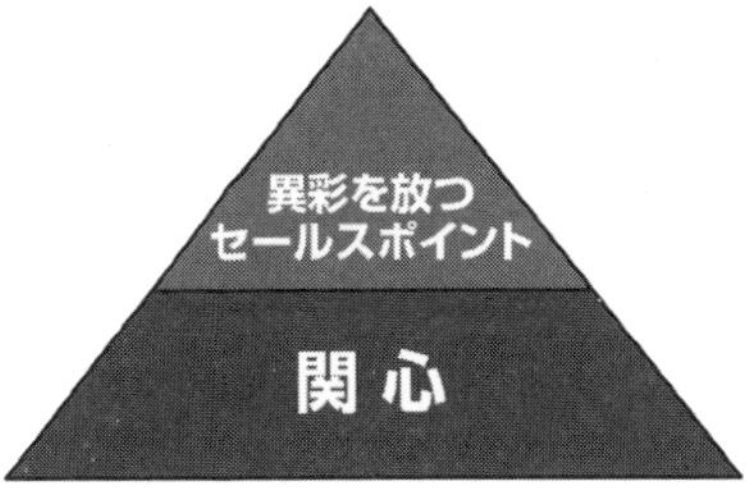

関心という土台の上に異彩を放つセールスポイントを打ち出せ！

それなら、「異彩を放つセールスポイント」を打ち出せばビジネスはうまくいくのかと「異彩を放つセールスポイント」をつくり出すことに引っ張られすぎると失敗します。大前提があるのです。あくまでも次の順番になっていなければなりません。「関心」→「異彩を放つセールスポイント」という順序なのです。

別の説明をすると「関心」という土台の上に「異彩を放つセールスポイント」が乗っかっていないとまずいのです。例えば、「異彩を放つセールスポイント」を意識するあまりに、ターゲットのお客様が「関心」のない切り口で、商品の「異彩を放つセールスポイント」をつくってしまった。これでは、売れるはずはないのです。

当たり前といえば当たり前ですが、このような間違いを起こしているケースがよくあるのです。女優の例のように、「関心」がある上に「付けぼくろ」のような、「異彩を放つセールスポイント」を乗せるというイメージを常に持ってください。

4 自らの「ほくろ」を打ち出し、マリリン・モンローになれ！

古い業界は「異彩を放つセールスポイント」をつくれないのか

「異彩を放つセールスポイント」を打ち出せずに苦戦している企業がいかに多いことか！　周りを見渡すと目を覆いたくなる惨状です。

「異彩を放つセールスポイント」をつくりだして他社よりも優位な付加価値を感じさせて販売するというのがビジネスの基本中の基本です。

しかし、「もう俺達の取り扱っている商品は、「異彩を放つセールスポイント」なんて打ち出せないよ」という考えにドップリ浸かっていると、固定概念に囚われ、「異彩を放つセールスポイント」をつくろうとすら思わなくなるのです。

「異彩を放つセールスポイント」はつくれないと思い込んでいる古臭い業界の人達

古い業界といわれる人達の多くに、「『異彩を放つセールスポイント』をこうやってつくれますよ！」と私が言っても信じてもらえません。「加藤さん、そんなこと言ったってうちは…」というお決まりの台詞が返ってきます。先日もそうでした。鉄を卸している商社さんです。確かに商品自体の「異彩を放つセールスポイント」を打ち出すことが難しい業界です。その結果、提供できる価値は価格だけと思い込んでいます。

絶対に「異彩を放つセールスポイント」はつくれます

しかし、本当にそうでしょうか？　そもそも会社の配達エリア、配達スタッフ、受付サポートスタッフ、営業スタッフ、これらの人が織り成すサービス群は、他社とはかなりの違いが出ていました。ただ、本人達の自覚がありません。この会社も地域トップクラスの配達スピードを持っていたのですが、イマイチこの価値を自覚してないのです。

もったいないです。本当にもったいない。これが価値として伝われば、利益に還元できるのに、本人達は、当たり前になりすぎて、自分達が提供しているサービスの価値が見えなくなっているのです。同じような事例が、古い業界に限らず、ほとんどの企業にあるといっても過言ではありません。

自社商品の「異彩を放つセールスポイント」をつくり出して儲けろ！

本書では、自社商品の「異彩を放つセールスポイント」を打ち出す具体的な方法を書いています。業界問わず、結果を出してきた手法です。応用できる再現性のある法則性ばかりをわかりやすく事例を交えて紹介させていただいております。

マリリン・モンローが、他にはなかった「付けぼくろ」を活用して、「異彩を放つセールスポイント」をつくり出したように、企業も些細な努力や工夫で「異彩を放つセールスポイント」をつくり出すことは可能です。是非とも本書を参考にして実践してみてください。

第1章　異彩を放つセールスポイントをつくって競合に勝ち続けている成功事例！

1　なぜ、成功事例は他の業界から盗むと上手くいくのか

競合が安くした！「うちも安くしよう」は愚の骨頂！

仕事柄、様々な経営の打ち手を拝見させていただいております。素晴らしい打ち手の数々、反対に「あぁーやってしまった」という悪い打ち手もあります。典型的な悪い打ち手のパターンとして、同業他社の動向を気にしすぎて、追随してしまうということが多く見受けられます。

もちろん競合の動向を分析して経営を改善していくことは大事なことです。しかし、そればかりに囚われすぎて、本来打つべき手を打たず、チープな発想ばかりに囚われた打ち手は、愚の骨頂なのです。例えば、「競合が安くしたから当社も安くしよう！」これなど代表的な悪い打ち手です。

感覚的ではありますが、情報収集の90％以上を自分の業界から得ているのではないでしょうか？このケースに限らず、業界のことを参考にすることは致し方ないことなのかもしれませんが、注意が必要です。

同業界ばかりで情報を入れると、必ずといっていいほど固定概念が増大します。「固定概念かぁー、へぇー、確かにそうかもな」と簡単に片づけては危険です。なぜなら、固定概念が生み出す恐ろしさは、今後の経営に大きなインパクトを及ぼすからです。

固定概念が育つと、経営に関する重要なことでも、これは当たり前だと無意識で決め付けるような習慣になります。そうすると盲点ができるのです。盲点は、自社の持ち味や強み、独自性といった「異彩を放ち競合に勝てるセールスポイント」の土台です。しかし、見えないので関心すら持たず、さらには、前述した悪手を打ってしまうのです。

自社のセールスポイントの土台に他業界のアイデアをオンする

進化させるために、ブレーンストーミングでアイデア出しをします。アイデアをゼロから発想するのは難しいので、必ず、情報をインプットします。そうしなければ絶対に良質のアイデア（アウトプット）は出ません。その際に有効的なインプット方法は、同業界ではなく、他業界の事例に着目することです。

もう少し具体的に申し上げれば、自社のらしさ（セールスポイントの土台）の上に、他業界のアイデアを盗んでいくことなのです。

次ページより事例をご紹介しますが、他の業界だから使えないというのではなく、自社らしさの上に、使えるアイデアにしようという観点でご覧ください。必ず役立つヒントがあるかと思います。

※本書でいう「異彩を放つ」とは、①競合が使っていない主張をしている。②その業界で手垢の付いた言葉を使っていない。の2点を定義しています。

2　成功事例その1　わずか6か月で地域No．1になった美容室

コンビニの4倍！　オーバーストアで競争熾烈！　美容業界の背景

突然ですが、美容室の数をご存知ですか？　厚生労働省統計による「衛生行政報告例」平成27年度版が公表され、平成28年3月末における全国の美容室軒数は、なんと24万299件もあるのです。コンビニが約5万5千件といわれていますから、コンビニの4倍以上となります。

コンビニでも地域にたくさんある感じがするのに、美容室はその4倍もあるのです。当然のことながらオーバーストアといわれています。

ここに1，000円カットという流れが入ってきて、低価格帯と高価格帯の二極化が進んでいます。

セールスポイントの弱い中途半端な店が一番苦労している業界です。さらに追い討ちをかけるのが、昨今社会問題にもなっている人手不足です。どの業界も求人には苦労していますが、美容業界はさらに厳しい状態です。

仕入の少ないサービス業ですから、人の雇用が売上に直結するので、人の雇用ができなければ、売上が増やせないという状態になってしまいます。

このお店（オーナー）の背景

オーナーである山田氏は、東京の南青山にある有名美容室「フェイズ」の店長を務めるほどの腕をお持ちです。満を持して生まれ故郷近くの都市圏である愛知県名古屋市の本山駅徒歩数分の物件に自店をオープンさせることに決めました。

本山地区というのは、名古屋の中心部から東へ地下鉄で16分のところにあります。転勤族も多く、高所得者層がいるエリアと呼ばれています。

本山にある四谷通りは、丘陵地にはおしゃれなお店も多く人気のスポットです。

経営課題

いくら腕に自信があるといっても、名古屋ではまったく無名の状態からのスタートでした。

一度来店してもらえば、リピートさせる技術を持っていたので、新規客をいかにお金をかけずに集めるかが至上命題でした。具体的には、オープン1年で2，０００名の新規顧客リストを開拓したいとの目標でした。

異彩を放ち競合に勝つセールスポイント

理想の髪型を長持ちさせるカット技術

異彩を放ち競合に勝つセールスポイントの土台

オーナーが独立する前に勤めていた「フェイズ」は、アナウンサーの顧客が多いこともあり、忙しいアナウンサーの手入れを楽にさせる＝理想の状態を長く持たせるという技術が培われました。

そのために磨かれていったカット技術は、通常の美容師が習っているカットの断面とは逆になるという特長がありました。

異彩を放ち競合に勝つキャッチコピー

90日間来店不要。南青山『フェイズ』元店長の成せる技。

経営課題に取り組んだ内容と成果

「90日間来なくてもいいよ」というメッセージをのせた販促ツールは、通常なら「ゴミ箱行き」をかいくぐり、反応は3％を超える高率を獲得しました。予約を断る日々が1か月以上続いたそうです。

競合ひしめく中、わずか6か月で地域Ｎｏ．1となる原動力となりました。オープン1年で4，000件以上の新規顧客リストを開拓し、目標の200％を達成することができました。

【図表２　異彩を放ち競合に勝つ広告・販売ツール】

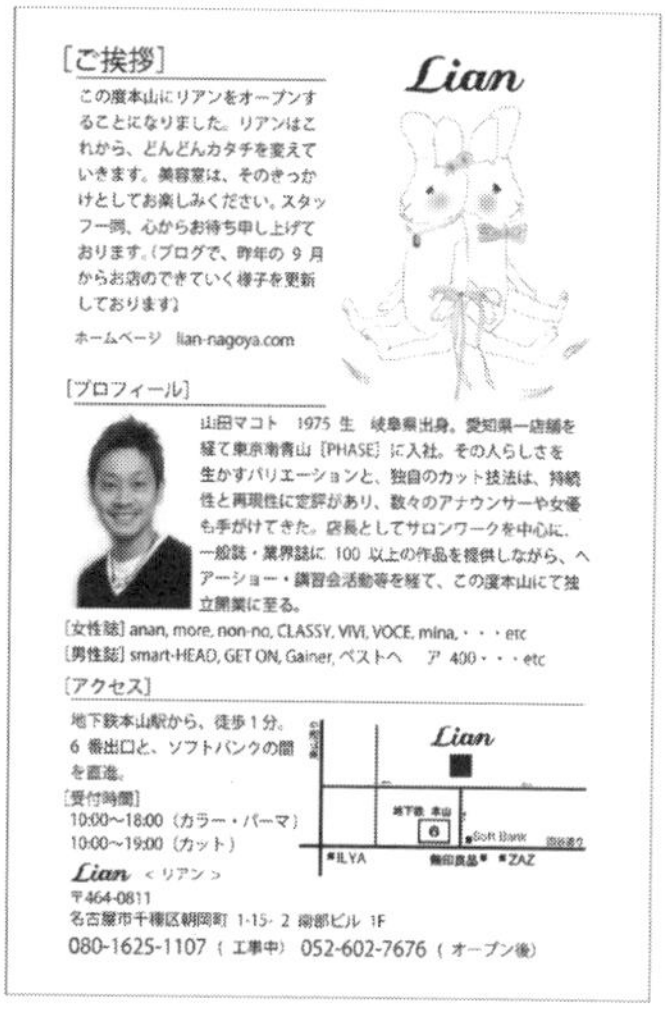

3　成功事例その2　衰退業界の中、前年比110%アップで大善戦している印刷会社

市場縮小！　大型倒産！　衰退産業といわれる印刷業界の背景

経済産業省の工業統計産業編によると、印刷産業の出荷高は、2004年には7兆2127億円だったのが、2014年には5兆5364億円となり、10年間で1兆7000億円の減少となったそうです。10年間でおよそ24%も市場が縮小したという計算になります。

その大きな要因は、社会のデジタル化が進んでいるからといわれています。ネットを中心としたIT化により、印刷物が激減。このような厳しい下り坂の環境なので、企業ごとの決算でも前年比数%ダウンは当たり前、数十%ダウンなんていうのも決して珍しくない業界です。

私も知っている印刷会社が、わずか数年で年商を半分近くまで減らしているのを風の噂で聞き、びっくりしたものです。印刷業界を一言でいうと斜陽産業、衰退産業といわざるを得ません。

この企業の背景

金沢に本社を置く株式会社ダイトクコーポレーション様は、創業43年のオフセット輪転機6基を持つ中堅企業です。輪転機は、主にB4の折込用チラシを大量に印刷する機械です。それを6基所有し

ているということは、輪転機に特化している会社といってもよいでしょう。前述したとおり、印刷物全体も厳しいですが、折込チラシの発行部数はさらに厳しい環境だといっても過言ではありません。

なぜなら、新聞購読者数も右肩下がり、さらに折込チラシの費用対効果がインターネット広告と比較され、需要が減っているからです。今後数年で半分になってしまうのではないかとも言われています。

このような厳しい外部環境におかれている折込チラシ専門の印刷会社という位置づけです。

経営課題

そもそもの需要が減っている中、紙の価格は値上がり、顧客からは厳しい値下げ要求がある世界です。いかにお客様を満足させ、売上および収益を確保していくかが至上命題でした。

異彩を放ち競合に勝つセールスポイント

「チラシの反響が撒く前にわかる」アンケートができる仕組みを構築しました。折込チラシを発注する企業は、価格を安くしたいというニーズがほとんどでした。そこだけに付き合うと経営的に厳しいため、「チラシの反響を上げたい！」「反響を下げる要素を取り除きたい」という要望に着目しサービスを開発していったのです。

具体的には、折込チラシのターゲットに相当する人たちを集め、企画したチラシで４種類のデザインをつくり、さまざまな角度からアンケートをとります。その中で1番評価の高かったチラシデザインを採用するというものです。実際に100万部撒いてもほぼアンケートと同様の結果になるというところまでサービスレベルを高めていきました。

異彩を放ち競合に勝つセールスポイントの土台

当時の営業部長は女性でした。彼女は、多くの通販会社を顧客にお持ちでした。通販会社は、全国に大量の折込チラシを撒きます。

そこで彼女は、主婦として外部ブレインとしてチラシの反響を上げるため、知恵を出し自分と同じようなターゲット層に、制作したチラシに関しての感想を聞いてまわったそうです。そこで得られるフィードバックはチラシの制作に非常に役立ち顧客から喜ばれていました。

異彩を放ち競合に勝つキャッチコピー

チラシの反響が撒く前にわかる

経営課題に取組んだ内容と成果

うちのチラシは安いですよ！　という営業の入口はもちろんのこと、反響を上げるためのサービスを提供できるという付加価値から、新規開拓をたくさん成功させることができました。

【図表３　異彩を放ち競合に勝つ広告・販促ツール】

そのため厳しい経営環境の中、昨対比１１０％を達成できています。

4　成功事例その3　業者の変更が厳しい業界なのにも関わらず毎年新規顧客が3割アップしている給食会社

市場のニーズは堅調に伸びている給食業界の背景

株式会社矢野経済研究所によると、2015年度の国内給食市場規模は、前年度比101・2%の4兆5，525億円（末端売上高ベース）でした。

分野別にみると、事業所対面給食、病院給食、学校給食は伸び悩んでいますが、高齢者施設給食、幼稚園・保育所給食、在宅配食サービス（弁当給食の内数）は堅調に推移し、今後も給食市場全体を牽引するものとみられます。

2015年度の成長率を分野別にみると、高齢者施設給食が前年度比102・8%の8，545億円と最も高く、幼稚園・保育所給食は同102・5%の1，656億円、弁当給食（在宅配食サービス含む）は同102・4%の6，000億円と続きます。

一方、事業所対面給食は同101・3%の1兆2，900億円、学校給食は同101・0%の4，525億円で微増推移し、病院給食は同99・4%の1兆1，899億円で微減となりました。

高齢化社会を背景に、今後は高齢者施設給食を中心に給食市場は堅調に推移するものと考えられます。

この企業の背景

大阪市大正区にある東邦食品株式会社様は、企業中心に給食弁当を提供している会社です。誠実な仕事をしてきた歴史ある給食会社でしたが、相次ぐ厳しい値引き要請に嫌気がさしていました。

丁寧な仕事をしているのにも関らず、自社の価値が伝わっていないと、社長はじめ社員さんも感じていたからです。

経営課題

自社の最も提供できる価値は何か？　という本質を突き詰める問いを掘り下げていきました。その結果、価値を最大化できるのは、企業給食よりも幼稚園給食という答えに辿り着きました。なぜなら、今後益々少子高齢化が進み、園児には良い物を食べさせたいと考える保護者や幼稚園が増えるだろうと時代の流れを読んだからです。

異彩を放ち競合に勝つセールスポイント

子供においしく食べてもらい、好き嫌いをなくしてもらう。

食育を推進する給食を提供する。

異彩を放ち競合に勝つセールスポイントの土台

以前よりつきあいのあった幼稚園の園児から、「ここの給食屋さんのごはんおいしい！」とか、保護者から「嫌いだったにんじんを食べれるようになった」というようなお手紙を頻繁にいただいていました。

元々、社長は食育に非常に興味がありました。子供には何でも好き嫌いなく食べてもらいたい。そのために栄養士や調理師と協力して、嫌いなものをおいしく食べてもらえるような数々の工夫を積み重ねてきたのです。

異彩を放ち競合に勝つキャッチコピー

きらいなものがすきになるよ！「魔法のお給食」

このロゴマークおよびキャッチコピーを、パンフレットはもちろんのことホームページ、そして、園児が食べる食器でも伝えました。

ターゲットは、給食を食べるユーザー（園児）、その保護者、そして先生、園長先生といった幼稚園側と多岐に渡ります。そのすべての利害関係者に価値が伝わるようにしました。

このような価値の伝え方をする給食会社は皆無に近く、競合に勝ち続けている状態です。

【図表４　異彩を放ち競合に勝つ広告・販促ツール】

経営課題に取組んだ内容と成果

給食サービスという性質上、「明日からすぐ変えるわ」というわけにはいきません。こういったブランドをスイッチさせるのが難しいサービスです。

また、配送効率を考えて、取り扱いエリアを限定する必要があります。

それなのにも関わらず、毎年３割ずつ新規顧客を増やし続けています。

これも異彩を放つセールスポイントをあらゆる顧客接点で伝えたからの成果です。

給食業界のような古い業界では、そもそも価値を伝えるという行為に取組んでいないケースがほとんどです。

異彩を放つことは、成果が出やすい業界といえます。

5　異彩を放つセールスポイントの鍵は「ＵＳＰ」

世界28ヶ国語で50年以上読み継がれる「ＵＳＰ」とは

「ＵＳＰ（Unique Selling Proposition）」という言葉をご存知でしたでしょうか？　日本のマーケターや広告マン達に「独自の売り」と訳されることが多い言葉です。

私は本書のサブタイトルの如く、「異彩を放つセールスポイント」とおきかえています。

そもそも「ＵＳＰ」は、辞書にも掲載されています。新しい考え方ではなく、古くからある広告に利用する技法なのです。

「ＵＳＰ」という技法を定義したのは、アメリカにおける広告の巨匠ロッサー・リーブス（以下リーブス）です。

彼の経歴はすごいです。

テッドベイツ社という広告代理店の会長を勤め、第38代アメリカ合衆国大統領ドワイト・アイゼンハワー（Dwight David Eisenhower）の選挙参謀でもありました。

数々の歴史に残る広告キャンペーンを成功させた実績もありました。

彼が得意としたのは、パッケージグッズ（薬・食品・タバコ等）包装商品と呼ばれる分野で、特にＴＶを使ったマスメディア広告で「ＵＳＰ」技法を活用して成功を収めました。

【図表５　ＵＳＰを定義づけたロッサー・リーブス】

まさに情報伝達の達人です。

その背景には、「広告は売上を上げるための手段である」という彼の哲学と、目的を達成するために科学的に広告を研究したという点が挙げられています。

広告の世界にもさまざまな流派があり、「芸術性を訴える」、「セールスマンシップが重要だ」などいろいろなものがあります。

本書で多くは語りませんが、彼は典型的にセールスマンシップの流れを組むということだけ伝えておきます。

そのリーブスが定義したＵＳＰ３つの原理原則はいくつかありますが、詳細は「はじめに」で紹介させていただいた彼の著作をご覧ください。

ここでは、代表的かつ重要なものを３つだけ紹介します。

【図表6　リーブスが定義したＵＳＰ　３つの原理原則】

He defines the USP in three parts:

1. Each advertisement must make a proposition to the consumer. Not just words, not just product puffery, not just show-window advertising. Each advertisement must say to each reader: ‘Buy this product and you will get this specific benefit.

2. The proposition must be one that the competition either cannot, or does not, offer. It must be unique -- either a uniqueness of the brand or a claim not otherwise made in that particular field of advertising.

3. The proposition must be so strong that it can move the mass millions, i.e., pull over new customers to your product.

ロッサー・リーブスの著書
『Reality in Advertising (1961年)』より引用

6　広告の効果を最大化させる３つの原則

強い主張をしなければ成果は出ない

前ページで紹介した英文を私なりに監訳すると、次のとおりになります。

> ①広告は、消費者に向かって強く主張すべき点がなければならない。競合がよく使っている手垢のついた言葉は避けなければならない。消費者にこう呼びかけるべきだ。「この商品をお買いなさい。そうすれば、あなたはこんなに良い点を得ることになるはずだ」。
> ②その主張は競合が主張していないものか、それとも主張しようとしてもできないことでなければならない。
> ③その主張はパワフルであり、多くの消費者に商品を買う行動を起こさせるものでなければならない。

リーブスが語っている情報伝達手段はこれだけに留まりませんが、中心となる概念はこの３つです。補足しておきますと、①強い主張をせよ、とリーブスは語っています。その主張は、手垢のついた言葉を避けろと言っています。後述する事例で紹介しますが、手垢のついた言葉を使うと「異彩を放つ」ことができません。その業界でよく使われている手垢のついた言葉は避けたうえでの強い主張が非常に重要になってきます。

②は、競合が主張していないことを主張せよと言っています。競合が主張しようと思ってもできないことがベストと言っています。次章でも取り扱いますが、この競合が主張しようともできないことをつくり出すということがキーポイントになります。どうしても難しい場合は、他社が主張していないことを主張せよということになります。

③は、いくら強い主張をしたとしても顧客目線で興味のないことを伝えても買ってくれるはずがありません。顧客の潜在ニーズや、競合が主張している以外に関心のある範囲で主張をせよと言っています。

ＴＶ以外のクロスメディアでも効果を出せる「ＵＳＰ」

リーブスは、主にＴＶを活用したマス広告に「ＵＳＰ」理論を利用して圧倒的な成功を収めました。ＴＶはネットの隆盛によって以前よりは衰えたといえども、情報伝達手段としてパワフルなやり方です。

しかし、ＴＶＣＭを打つことは予算の関係上、難しいこともあるでしょう。

リーブスが体系化した「ＵＳＰ」理論の普遍的なエッセンスは、ＴＶ以外にも応用できます。できあがった「ＵＳＰ」を一貫してあらゆる伝え方の手段に適応します。これをクロスメディアといいます。詳細は、第5章で詳しく説明させていただきます。ここでは、有名な商品が「ＵＳＰ」を活用してどのようにマーケティング活動を行っているかをご覧ください。

７　大ヒット商品ダイソンとM&M，Sチョコレート「ＵＳＰ」とその他広告の違い事例

ダイソンの「ＵＳＰ」事例

いったんできた「ＵＳＰ」は、広告はもちろんのこと情報発信する媒体、既存のお客様や潜在的な未来のお客様と接触するマーケティング活動において、すべての機会に発信すべきです。

その好例として、「ＵＳＰ」を実際に活用している企業のマーケティング手法を紹介します。ご存知の方もいると思いますが、掃除機メーカーの「ダイソン」です。

この企業は、日本市場において後発で参入しました。成熟商品で価格競争が厳しいカテゴリーの中で、高価格帯の掃除機というカテゴリーをつくり出し、大きな成功を収めました。そのダイソンの「ＵＳＰ」は、

吸引力のかわらない、ただひとつの掃除機

です。聞き覚えのある方も多いのではないでしょうか。

この「ＵＳＰ」をＴＶＣＭ、カタログ、ホームページなどすべてのマーケティング活動に活用して市場でブランドを打ち立てたのです。

古い事例になりますが、参考になる好例としてリーブスが手掛けた代表的な事例を紹介します。

M&M'Sチョコレートの「USP」事例

リーブスが手掛けた著名な広告キャンペーンの1つにM&M'Sチョコレートがあります。その「USP」はというと、

お口でとろけて、手でとけない

【図表7 USP事例1】

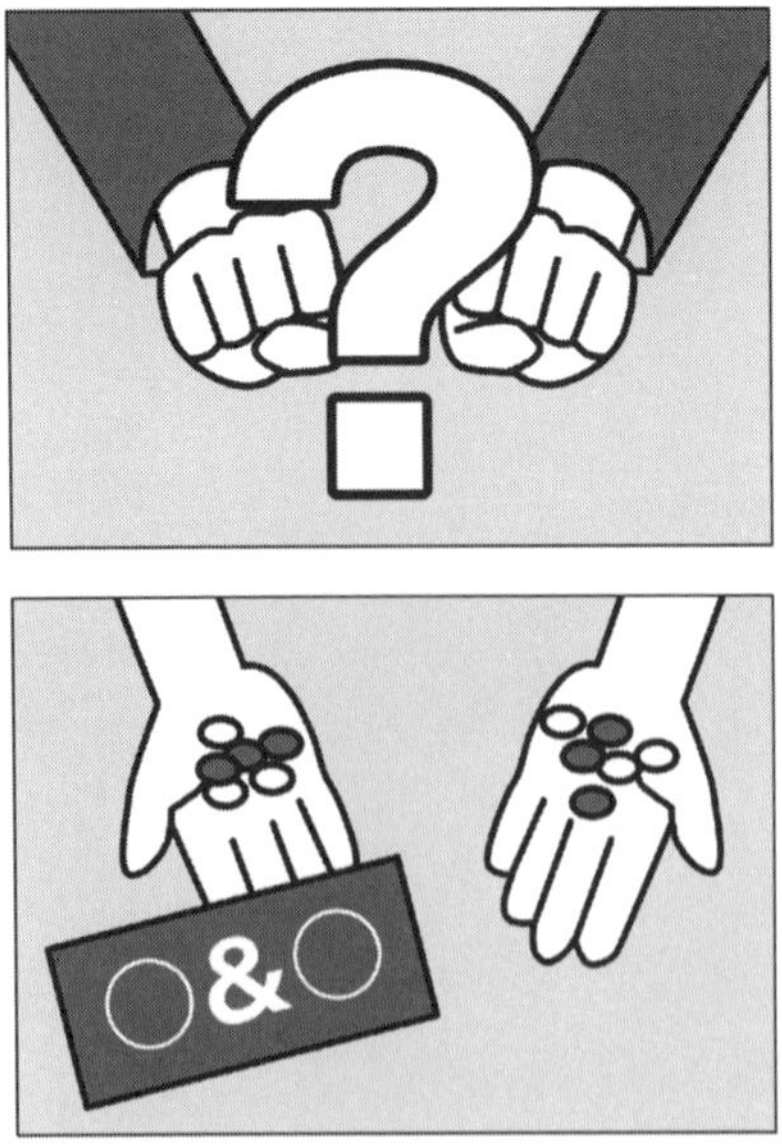

です。この「USP」が起爆剤となり世界中に広がっていきました。

当時アメリカでシュガーコーティング（糖衣）してあったチョコレートは、M&M'Sチョコレートのみで、これが商品の特長でした。シュガーコーティングという特長によって、子供が食べても手が汚れないというお客様メリットがあったのです。

一般的には、チョコレートの美味しさを伝えるところ、手が汚れないとい

う点を主張したのです。

図表7のイラストは、リーブスが手掛けたＴＶＣＭの構成イメージの1カット目と2カット目です。1カット目で左手に通常のチョコレート、右手にシュガーコートされているM&M'Sチョコレートをにぎっています。2カット目で、それをパッと開いたのです。左手には通常のチョコレートが乗っていて手が汚れています。右手にはM&M'Sチョコレートが乗っていて手が汚れていません。

図表８の３カット目で、右手を視聴者に見せて、「お口でとろけて、手でとけない」と主張したのです。当時のＣＭを実際に見たわけではないのであくまでも推測ですが、このように伝えたのだと思われます。

【図表８　ＵＳＰ事例２】

リーブスは、「印象づけても買わせなければダメだ」と言っています。広告には、「印象づけ」と「行動づけ」という力学が存在すると彼の著作で説明しています。

「印象づけ」は、お客様の頭に残っているかどうかのパフォーマンスとなります。

具体的には、ＴＶＣＭを見て、「あの宣伝見たことがある」という場合は、「印象づけ」に成功しているということになります。

ＴＶＣＭをやっていない企業でも自社商品をチラシで市場にどれくらい「印象づけ」ができているかを考えるべきです。

それに対して、「行動づけ」は、自社商品を購入に向かわせる行動を起こさせているかどうかのパフォーマンスです。実際にＴＶＣＭをみていると、「印象づけ」はできていたとしても「行動づけ」がまったくできていないものも見受けられます。

例えば、ある企業のＴＶＣＭできれいな水着の女性が出てきて、「印象づけ」ができていたとします。しかし、商品の特長やお客様のメリットに関連していない「印象づけ」をしても、購入につながる「行動づけ」が全くできていないというケースは多々あるのです。

リーブスの３つの原則は、「印象づけて買わせる」ための定義です。リーブスの手掛けたＭ＆Ｍ'Sチョコレートの事例は見事この原則に沿っている好例です。

ＪＲ東海の事例

ＪＲ東海の著名広告キャンペーンに「そうだ京都、行こう」があります。このキャンペーンも「印象づけ」「行動づけ」にも成功していると思います。

ただ、リーブスの提唱している「ＵＳＰ」という技術とは違うと思います。強い主張をしているわけではないのです。日本市場においては、このような手法の方が主流といっても良いかもしれませんが、「印象づけ」には成功しても「行動づけ」ができていないケースは多いです。ここは、注意しなければなりません。

第2章　広告や販促をどれだけがんばっても競合に勝てないのはなぜか

1　なぜ、競合に勝つための仕組みをつくりたいという相談がないのか

広告効果のアップは、広告改善しても得られない

経営に関するいろいろな課題を相談されます。

よく相談されるのは、チラシやホームページの反応をよくしたいということです。もちろん内容を改善することで反応を良くすることはできます。

しかし、それにも限界があるのです。

前述したリーブスの条件で広告表現するためには、競合に勝つための仕組みをつくったり、元々ある商品を改良したり、仕組みを育成したりしなければなりません。これは、広告やマーケティングでは解決のできない領域です。つまり、広告の反応が落ちている場合に抱えている経営の課題は、内部の仕組みづくりにあることがほとんどなのです。しかし、今まで出会った経営者様から、「競合に勝つための仕組みをつくりたいので加藤さん手伝ってもらえないか？」とオーダーされたことはありませんでした。

「異彩を放つセールスポイント」を打ち出す際にお手伝いしていること。それは「異彩を放つセールスポイントの土台」をつくることなのです。即ち、内部の仕組みづくりになるのです。

具体的に説明していきましょう。

広告や販促をすれば儲かった時代

確かに広告や販促費をかければ、業績が上がっていた時代もあったのは事実です。他社よりも広告費をかけて、パワーで競合をねじ伏せるという手が今でも通用する部分があります。

しかし、数多くの広告や販促を支援してきた経験から申し上げると、他社との違いがわかりにくく異彩を放つセールスポイントが伝わっていない広告や販促は、どうしても効果性、効率性ともにパフォーマンスが落ちると言わざるを得ません。

もし、あなたがマーケティングを強化したいと考えている経営者、それを支援する広告代理店、広告制作会社でしたら、是非とも広告表現のみの小手先の改善に囚われず、異彩を放つセールスポイントをつくるための土台を見直す意識を持ってみて欲しいのです。リーブスが定義したＵＳＰ３つの原理原則１．の

広告は、消費者に向かって強く主張すべき点がなければならない。競合がよく使っている手垢のついた言葉は避けなければならない。消費者にこう呼びかけるべきだ。「この商品をお買いなさい。そうすれば、あなたはこんなに良い点を得ることになるはずだ」

にある手垢のついた言葉を広告や販促に使っていたとしたら、セールスポイントの土台から見直してみて欲しいのです。

ここからは、その具体的なやり方を紹介してきます。

2　広告や販促だけでは解決できない理由は、経営全般を理解せよ！

そもそも企業の経営活動はどのように行われているのか

広告や販促だけの表現では競合に勝つのが難しくなっていると述べました。その理由は経営全般を俯瞰することによって理解が深まります。是非ともこれから紹介する経営全般を意識した上での広告や販促を行ってみてください。

企業の経営活動全般をわかりやすくした図表9をご覧ください。

通常、企業はビジョンを策定します。ビジョンとは山登りでいう山頂を目指すというイメージと同様で、未来にどこへ向かっていくかという全社員のエネルギーの方向性を指し示すものでなければなりません。具体的には、「●●になる」と言語化したものを全社員や協力パートナーと共に共有します。

ビジョンは山頂を指し示すということですが、ミッションは、どの山を攻略するかということになります。具体的には、ビジョンを達成するために「▲▲をする」を応えたものになっています。目標は、ビジョン、ミッションを達成するために必ず通過しなければならないポイントを言語化、もしくは数値化し管理していきます。

戦略とは、ビジョンを達成するための方法論を企画、計画するものです。図表9の場合、山頂に

【図表９　ビジョンから行動指針の図】

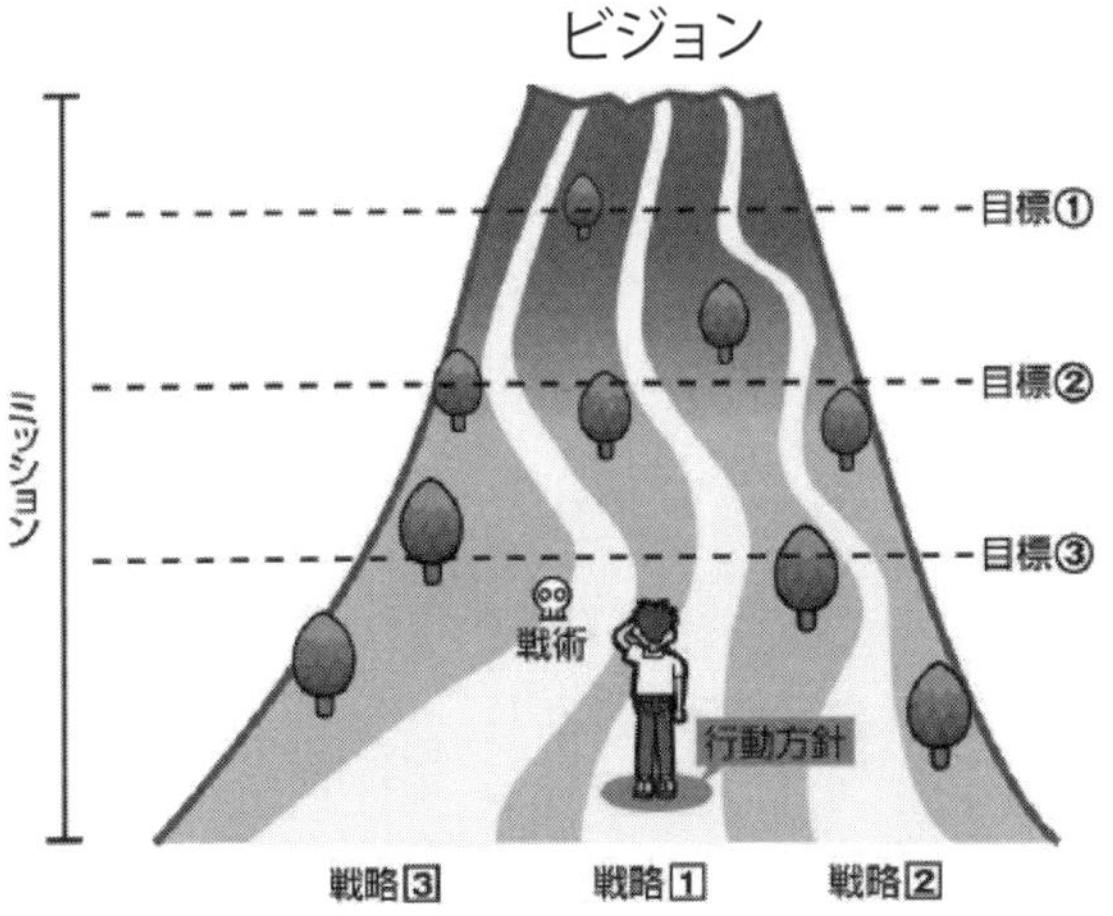

登るためのルートは３つあります。例えば、１つ目は直線距離は短いが断崖絶壁が立ちはだかる険しいルート、２つ目は曲がりくねって距離が一番遠いルート、３つ目は途中で行く手を阻む凶暴な敵がいるルートといったように、さまざまなルートを選択することができます。

経営においても方法論は無限といっていいほどたくさんあり、どの方法論を取るかが大変重要になってきます。戦術は、戦略で決めたルートの途中に敵がいたらどうやって敵を攻略するのか具体的な行動をいいます。

たとえば、目の前に立ちはだかる「けもの」がいる場合、簡単に通り過ぎることができません。そんな場合に餌を投げて、けものが餌に気をとられているすきに、一気に通過するなど具体的に行動することをいいます。

最後に基本方針ですが、一日にどれ位はかならず歩くとか、○○だったときにはこう考えるといったことを書き示すのが行動指針になります。企業の場合、推奨規定（我々はこうすべき）や、禁止規定（我々はこれはやってはいけない）をまとめることが多いです。

3　マーケティングを支える重要な経営要素「コアプロセス」

ビジョン、ミッションを達成する4つの要素

先ほどは、山登りの例で経営の内容を説明させていただきましたが、経営の現場で実際に使っているものにまとめると図表10のようになります。

一般財団法人日本コンサルタント協会では、ペントハウスモデルと呼んでいます。「ビジョン」の下に「ミッション」があり、それを達成するために必ず必要な4つの要素「マーケティング」＝売上をつくる活動、「人財育成」＝人を育成する活動、「内部の仕組み」＝商品を生み出す仕組み（手順）であったり技術をつくり出す活動、「財務」＝お金のやりとりに関する活動があります。

それぞれに「目標」と「戦略」、「戦術」が付随しています。それらを下支えしているのが「基本方針」となります。これを俯瞰することで、経営全般でやるべきことを策定したり、策定したことを確認してみたり、実際に各施策のＰＤＣＡサイクルが回っているかどうか等の進捗をマネジメントできます。

【図表 10　ペントハウスモデル】

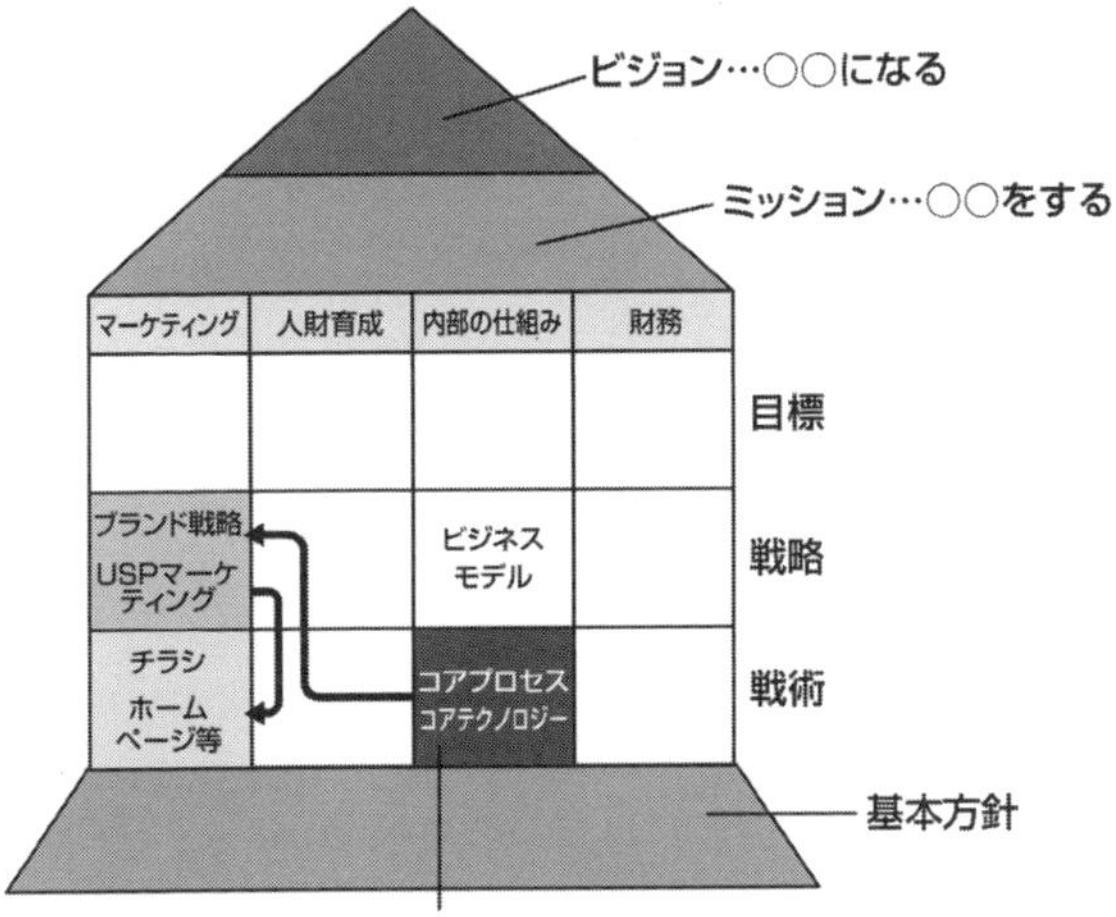

４つの経営要素は、密接に絡み合っている

ご覧いただいたとおり、４つの要素は密接に絡み合っています。

一般的に「内部の仕組み」でつくられた商品を「人財育成」で育てられた人材が提供し、「マーケティング」売上をつくる活動を経て価値を提供し、対価を得て「財務」に反映されます。「風が吹けば桶屋が儲かる」ではありませんが、それぞれが密接に絡み合い、因果関係があります。そのため「マーケティング」がうまくいかない原因は「内部の仕組み」に起因することが多くあります。

本書では、図表10の「内部の仕組み」でビジネスモデル戦略を達成するために下支えしている戦術部分「コアプロセス」の強化方法を学び、マーケティング戦略および戦術に活かす方法を伝えていきます。

マーケティングパフォーマンスを圧倒的に上げる「コアプロセス」とは

本書で異彩を放つセールスポイントの土台と位置づけている「コアプロセス」という言葉は、馴染みがないかもしれませんが、大切な概念なので是非覚えておいてください。

一般財団法人日本コンサルタント協会によると、

「コアプロセス」とは、「内部の仕組み」領域において、決定したビジネスモデル戦略を実現するための、その企業独特のプロセス（手順）を指す。他では開発しにくく、それ自体がビジネスの強みとなるプロセスである。

と解説してあります。

業態別「コアプロセス」の事例　メーカー編

言葉で説明しても中々ピンとこないと思いますので、業種別にイメージしやすい事例を紹介したいと思います。

まずは、モノをつくって販売しているメーカーの「コアプロセス」事例です。

図表11のように、メーカーは、大きく分けると①仕入の活動から⑤サービスの活動まで幅広いのが特長です。どの業種よりもプロセス（行程）が多く、複雑ともいえます。複雑であるがゆえに、多くのプロセスで付加価値を生むための裁量がある業種でもあります。メーカーの場合、内部の仕組みの戦略部分であるビジネスモデルは、想像がつきやすいかもしれません。お客様に価値のある

【図表 11　メーカーのコアプロセス事例】

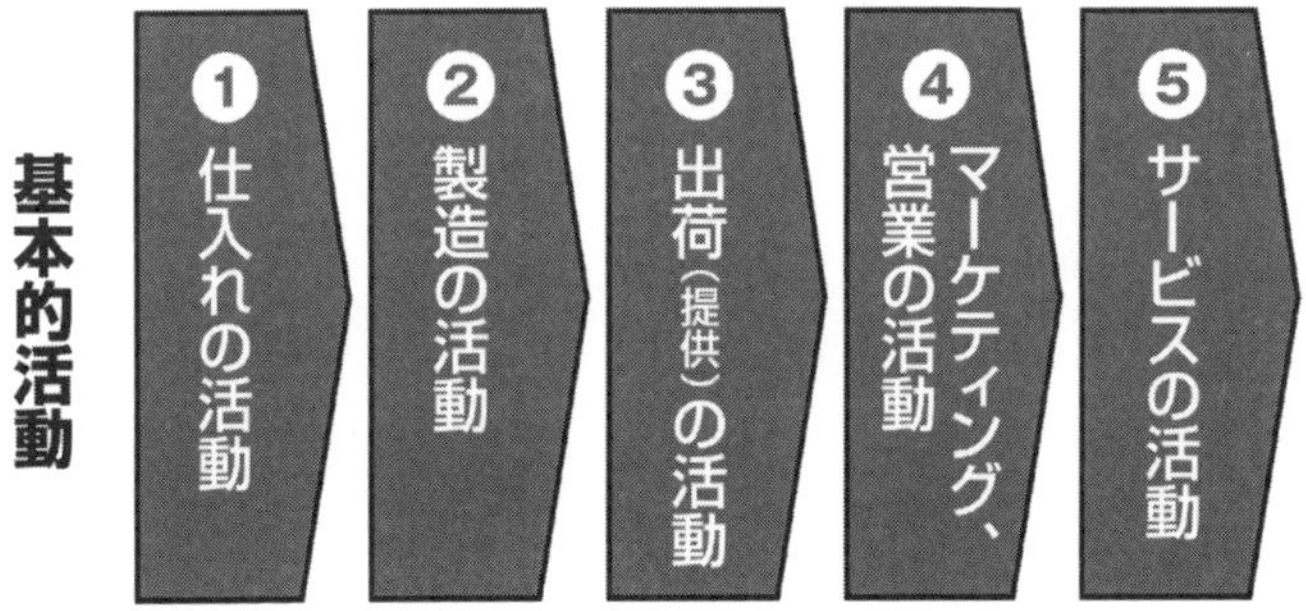

モノを企画、製造して、流通させ、購入してもらい対価をいただくというビジネスモデルです。

②の製造の活動には、トヨタやユニクロみたいに自社工場を持っている場合と、アップルのような自社工場を持っていないファブレスメーカーの場合があります。

大企業のように研究開発費に莫大な予算を使っている場合は、それ自体がコアプロセスの開発になっている可能性があります。

競合が真似できないような技術や特許をベースに、技術開発をしています。

こんなことができるのは、一部の大企業のみです。ほとんどの企業がここまではできませんが、①から⑤までの活動をさらに細分化したプロセスの中にコアプロセスが潜んでいることがあるのです。

例えば、私が支援していたメーカーの事例です。高所作

姉妹で経営されているユニークな会社です。

業をするとび職人向けの墜落抑止用器具という命綱や、職人が使いやすい工具袋などをつくっています。

職人といえば、女性も増えてはいるものの、まだまだ男性中心の世界です。その男性向けマーケットに対して、②製造の活動をさらに細分化した「企画を生み出すプロセス」を女性社長中心にアイデアを出しています。

女性のアイデアですから、他の競合企業のような男性が出すアイデアと切り口が違います。特にデザイン性に優れた企画を形にする部分がこの企業のコアプロセスと言えます。このコアプロセスを強化するために女性スタッフを企画に参画させ、企画部門を強化しているのです。

業種別「コアプロセス」の事例　メーカー以外編

メーカーがもっとも複雑なプロセスをもっている業態だとすると、その他の業態は、①から⑤のどれかが省略されるケースもあります。

代表的な業態は、小売業、卸業、サービス業です。小売業は、②製造の活動自体がありません。卸業も同様です。卸業は、⑤サービスの活動も小売業に比べると少ないかもしれません。言い換えると、プラスαのサービス活動を追加していくことで、競合には真似しにくいコアプロセスを築くことが可能になるかもしれません。小売、卸ともに仕入の活動にコアプロセスがあるケースは割と多いです。

例えば、特定の商品に強く、独占的に仕入れることができる、もしくは、良い条件で仕入れることができるといったケースです。

小売の場合は、⑤サービスの活動をさらに細分化したアフターサービスを強化するケースも多いです。

典型的なアフターサービスの強化例は、家電小売がやっているメンテナンスサービスを強化した保証サービスといったところでしょうか。

卸業は、アフターサービスを強化しにくいので、コアプロセスをつくることがもっとも難しい業態といえるでしょう。

話が若干それますが、ビジネスモデル自体を見直す必要に迫られている業界でもあり、ある特定の商品を自社ブランド化していくなど、プロセス自体を追加してメーカー化（川上に進化）するか、小売業のように川下へ進化し、コアプロセスを開発していかなければ益々厳しくなる業態といえるでしょう。

サービス業は、飲食業のように①仕入の活動が必要な業種と、私達のようなコンサルタント業や広告制作業のように仕入の活動がほとんど必要ない業種があります。

いずれも、工夫次第でコアプロセスを強化しやすい業種なので、次ページより紹介するコアプロセスの強化方法を参考にして競合に勝てるコアプロセスを育成していけば、勝てる業態になりやすいでしょう。

コアプロセスに対して「3ない」づくし

競合に勝つ仕組みづくりをしたいという依頼がないとお話しました。それも致し方ないのかもしれません。ほとんどの経営者が、経営、特にマーケティングに響く「コアプロセス」を意識できていないのです。

ほとんどの企業が、「コアプロセス」に対して「3ない」づくしなのです。「3ない」づくしの内訳とは、「見えない」「使えない」「強化しない」です。「コアプロセス」を意識していませんから、当然見えません。自社と競合を比較して何が自社独特のプロセスなのかがわかりません。よくあるパターンですが、「コアプロセス」らしきものが育ってきていても、見えていないため意識して活用できていません。マーケティング戦術の広告や販促で強い主張をできていないケースが本当に多く、もったいないことです。

「見えない」ということは、当然「使えない」ということになってしまっているケースが本当に多いです。そして、なんとなく消耗し続けているわけですから、経営に重要なコアプロセスを再開発したり、改善、育成するといったような「強化しない」というのがあたりまえになってしまっています。

なんとなくある「コアプロセス」も次第に陳腐化していきます。経営の大きな課題として「コアプロセス」は強化し続けていかなければならないのに衰退してしまうのです。繰り返しますが、ここを観ずして、多くの広告、販促費をかけても効果が出にくいのです。

4　競合に先駆けて進化させる4つの「コアプロセス強化法」

【図表12　競合との「差」を絶対的にする最強の構造】

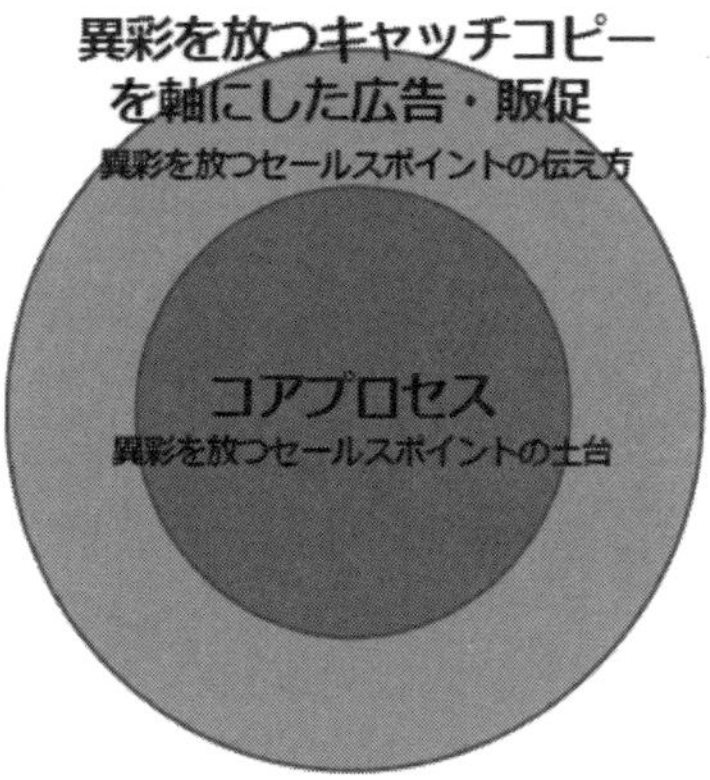

競合との「差」を絶対的にする最強の構造

競合に勝つ「異彩を放つセールスポイント」を徹底的に磨くには、２つの構造を意識してもらえば容易にイメージできます。

図表12のとおり、１つ目が外側にある「伝え方」部分です。リーブスが定義したUSP３つの原理原則の第１原則のとおり、競合がしていない強い主張をしなければなりません。

２つ目が、「伝え方」の内側部分になる「コアプロセス」部分です。「伝え方」のみで競合との「差」を伝えるのに不十分な場合は、コアプロセスを強化して、USPの定義第２原則である競合が主張しようともできないものに昇華させなければなりません。

そのために必要なのが、この２重構造なのです。

コンサル現場の悩みから出てきた「コアプロセス強化法」

USPは「異彩を放つセールスポイント」の定義をリーブスがまとめたのは、半世紀も前になります。アメリカ経済は、日本の数十年先を行っていたとはいえ、現在に比べると商品数は少なかったことでしょう。それと比べると現在の日本は、モノあまり時代ともいえる商品数過多の時代です。リーブスの活躍した時代に通用した「伝え方」だけでは、「異彩を放つセールスポイント」が打ち出しにくい環境になっています。リーブスが定義したUSP3つの原理原則の第2原則「その主張は競合が主張していないものか、それとも主張しようとしてもできないことでなければならない」を実践するには、難しい経済環境となっているのです。

USPの第2原則は、2つの段階に分かれます。1つ目の段階は、「主張は競合が主張していないものを伝えてもよい」といっています。こちらは、比較的取り組みやすいのですが、競合が「伝え方」を真似してくるケースもあります。できれば、2つ目の段階の「主張しようとしてもできないことでなければならない」を具現化したほうがよいですが、難易度が高いのも事実です。これを解決するために、私はコンサル現場で4つの「コアプロセス強化法」をやっています。

最強の2重構造をつくれ！

状況にもよりますので一概には言えませんが、競合が主張していないことを伝えることで「差」をつけることは可能です。

しかし、「異彩を放つセールスポイント」を強く大きくして、長期的に持続させるためには、USPの第2原則の第2段階「主張しようとしてもできないこと」を是非ともクリアしてもらいたいです。

そのためには、「伝え方」と「コアプロセス強化法」を組合せすれば最強です。

「異彩を放つセールスポイント」を強く大きくつくり込むと、競合も容易に追随することはできず、圧倒的な「差」をつくり出すことが可能です。難しそうだなと感じるかもしれませんが、実はそうでもありません。このような具体的なやり方のほとんどが知られてなかったに過ぎないのです。私がコンサル現場で実践してきた、誰にでも再現できる法則を次から伝えていきたいと思います。

４つの「コアプロセス強化法」とは

本書のベースにもなっている私の処女作、「御社の売上を増大させるUSPマーケティング（明日香出版）」は、「伝え方」のみのHOWｔｏを書かせてもらったものです。当初はこれで解決できると思っていました。しかし、リーブスの第2原則でどうしても引っ掛かるクライアント様が多いことから、コンサル現場では、数多くのコアプロセスの改良、改善をしていました。現在ではしない方が少ないかもしれません。このやり方を本書で伝えたいと思い筆を執ったのです。

前述したとおり、多くの企業がコアプロセスに対して「見えない」「使えない」「強化しない」といった、ないないづくし状態です。これからお伝えする方法が、まさにコアプロセスを「見える化」

「使える化」「強化」するための具体的なやり方になります。大別すると4つの方法に分かれます。細かいものを加えるともっと種類が増えるかもしれませんが、私はコンサル現場で、次の4つを組み合わせて応用しているだけです。

方法その1　「足し算」コアプロセス強化法

方法その2　「引き算」コアプロセス強化法

方法その3　「やり方」コアプロセス強化法

方法その4　「ネーミング」コアプロセス強化法

名前からある程度想像がつくように分類してみました。「足し算」は、その名のとおり、今まであるプロセスに自分の顧客や見込み客が喜ぶような新たなプロセスを追加する手法です。もっとも基本的な強化方法の1つです。「引き算」は「足し算」の逆で、あるプロセスを、捨てることによって重要なプロセスに選択と集中し、強い主張を打ち出す方法です。「やり方」を整理するとは、見えていないが既になんとなくやっているプロセスを整理して「見える化」するやり方です。「ネーミング」も同様に、なんとなくやっているプロセスや「足し算」「引き算」で強化したプロセスに対してネーミングをつけて、わかりやすく主張するやり方です。

ここでは、アウトラインとして捉えていただければ結構です。1つひとつの具体的事例を紹介しながら説明していきます。

【図表 13 「足し算」コアプロセス強化法】

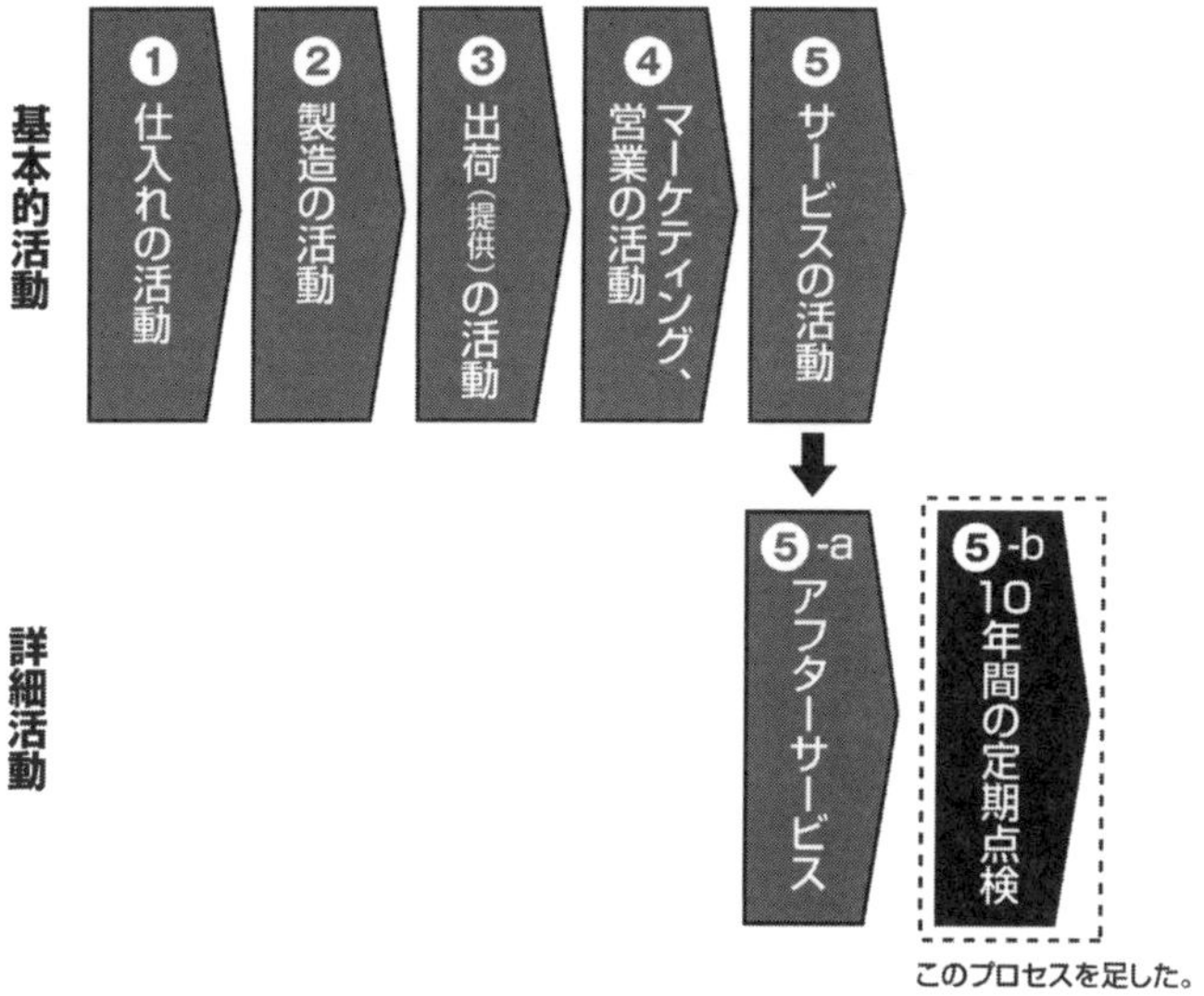

5 方法その1「足し算」コアプロセス強化法

「足し算」コアプロセス強化法の解説

この方法は、もっともイメージしやすい基本的なコアプロセスの強化方法です。図表13の①から⑤までの基本的活動の中の一部にフォーカスします。

既に自社が持っている強みや、見える化できていないけど、なんとなくコアプロセスの土台がありそうなところにフォーカスし、そのプロセスをさらに分解していきます。

次ページに詳しく紹介する事例の場合は、⑤サービスの活動にフォーカスしました。アフターサービスの後に10年間の定期点検というプロセスを追加します。

「足し算」コアプロセス強化法の事例

三重県松阪市にある地元密着のリフォーム会社、株式会社いつき家様の事例です。他のエリアから参入してくる大手リフォーム会社との競争に晒されていました。リフォーム業の場合、図表13の基本的活動の順序が若干特殊な部分があります。場合によっては、④マーケティング・営業の活動が最初に来てから①仕入の活動というケースも少なくありません。②製造の活動と③出荷（提供）の活動が合わさってリフォームの活動になるといった形でしょうか。いずれにしても①の仕入力は大手のほうが有利です。リフォームに使う建材などの仕入は量や規模に比例して優位さが出てしまいます。

リフォームの②③の活動は、請け負ってからつくるという活動の性質上、品質の差も伝えにくいです。そこでオーナー社長自らが地元密着であるということ、職人さんから社長になったということ、地元密着でリフォーム後のアフターメンテナンス力が高かったという強みをいかすために⑤をさらに強化することにしたのです。

次ページにあるように「10年間笑顔保証」を主張しました。当社に頼むとリフォーム後も知らん顔ではなく、しっかりとアフターフォローしていきますよと主張したのです。具体的には、10年間無料で定期点検を実施します。

その結果、顧客満足度を大幅に上げることに成功し、地元でアフターメンテナンスの良いリフォーム会社という評判ができています。口コミや紹介も増えてリピート受注も増えています。

【図表 14　10 年間笑顔保証を伝えるホームページ】

「足し算」コアプロセス強化法の取り組み方

最初に基本的活動の①から⑤で強みが発揮できていない弱みの部分は捨て置き、自社が持っている強みに着目します。このリフォーム会社の場合は、オーナー社長が職人上がりで、作業を自ら提供できるということが強みに該当します。⑤サービスの活動に強みがあるとフォーカスした後、「現状のサービス活動は、何をやっているか？」という質問をします。

できれば、社員はもちろんのこと、客観的視点を持った外部のコンサルタントも含めてコアプロセス強化プロジェクトを立ち上げます。そこでブレーンストーミングします。ホワイトボードや付箋を使って、現在行っている「サービスの活動」を書き出し、時系列に並べます。

次に「お客様の喜び、楽しみを最大限にするには？」というアイデアを出します。そして「お客様の怒り、心配、悲しみ、恐れをなくすには？」と質問をして同様にアイデアを出します。アイデアがある程度出たら、それを実現するためにやらなければならないことを書き出して現実化できるかどうかを精査します。

ブレーンストーミングでは、お客様が持っている不安として、「オーダーどおりの機能をしなかったら腹が立つという怒りを持つ」や「高い金額を出したリフォームの箇所が、うまく機能しなくなったらどうしようという心配を持つ」という意見が出ました。これらを解決するために「10年間の定期点検」というアイデアを採用しました。会社のシステムに定期点検のリストを抽出できる改造ができるかどうかを精査して、小額の投資で済むと判断したので実施することになりました。

6　方法その2　「引き算」コアプロセス強化法

【図表 15 「引き算」コアプロセス強化法】

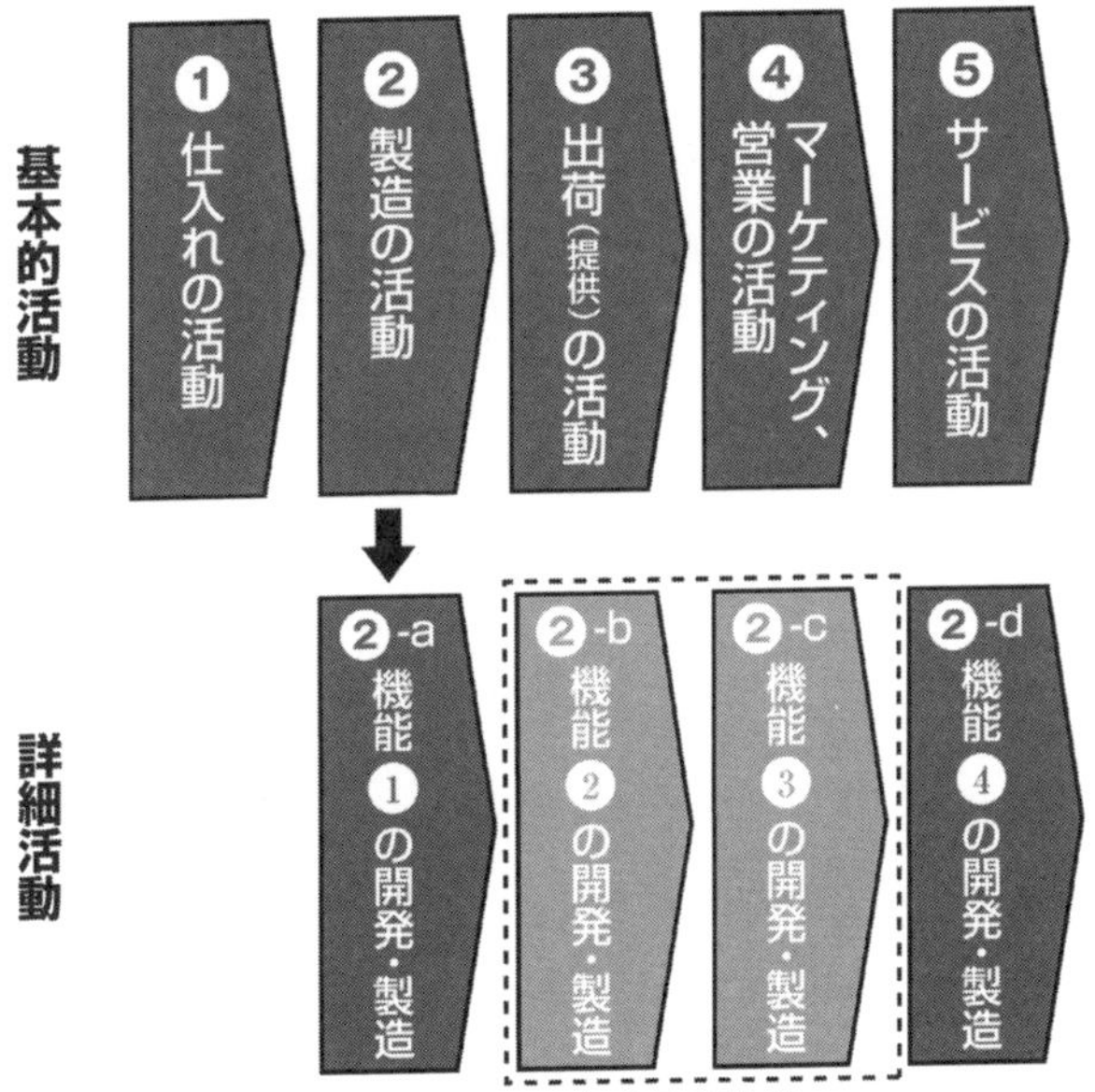

「引き算」コアプロセス強化法の解説

この方法は、少しイメージするのが難しいかもしれませんが、取組み次第では、ビジネスモデル自体を変更する程の取り組みとなり、効果の高い成果を出せる可能性のあるコアプロセス強化法です。

基本的活動の①から⑤までのいずれかにフォーカスし、詳細活動の一部分をなくしてしまう、もしくは縮小してしまうという方法です。

図表15でいえば、②製造の活動領域にある詳細活動内の②—b、②—cのプロセスをやめてしまうことで、軸となるプロセスに選択と集中しま

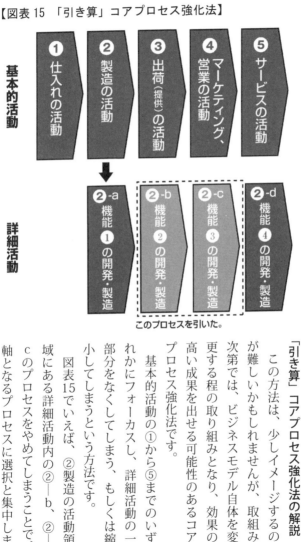

す。その結果、お客様に高い満足度を得てもらうという考え方です。

「引き算」コアプロセス強化法の事例

前ページの図表15は、大ヒット商品NTTドコモの「らくらくホン」をイメージしたものです。高齢者用の携帯電話にあった利用価値の少ない機能をなくして、シンプルな操作性にすることで使いやすくした「引き算」の好例です。現在でもこのコンセプトを受け継いだスマートフォンも出ているそうです。

メーカーの事例は、製造の活動部分の一部をなくすということでわかりやすいかと思います。サービス業でも事例が多々あります。その内の1つが、QBハウスです。床屋には、②製造の活動、③出荷の活動がなく、わずかな①仕入の活動があります。ほとんどが⑤サービスの活動です。その⑤サービスの活動領域は、「シャンプー」「髭剃り」「カット」と大別されます。このうちの「シャンプー」と「髭剃り」をなくしてしまったのが、1，000円カットのパイオニアであるQBハウスなのです。カット時間だけに選択と集中をして低価格にした分、回転率を上げてカバーしています。これも「引き算」の好例です。

サービス業は、基本活動の中に、「ハコ」「モノ」「サービス」が含まれます。この3つのバランスが高い評価を得られないと満足度が上がりません。

とある葬儀会社は、葬儀サービスを提供する会館（ハコ）を持っていません。一見すると会館がないのはマイナスのように思えますが、葬儀をプロデュースする会社ということで、「モノ」と「サービス」に特化し高い評価を得ています。

また、飲食業でみられる「引き算」の好例は、「俺のフレンチ」や「いきなりステーキ」です。着座して丁寧な接客サービスを縮小し、その人件費を削った分、提供する「モノ」の原価率を上げて満足度を上げています。その分、回転も上がるため成り立つ「引き算」の好例です。

【図表16　らくらくホン、ＱＢハウス、いきなりステーキ事例】

「引き算」コアプロセス強化法の取り組み方

この取り組み方は、マーケティング活動の基本である「だれに」、「なにを」「どうやって」の「だれに」に注目します。現状の「なにを」に入る商品をもっとも購入してくれる優良顧客を「だれに」に書き出します。前述した「らくらくホン」の事例であれば、60歳以上の高齢者とします。次に「提供している価値でもっとも喜ばれているものは？」とブレーンストーミングしてアイデアを書き出します（らくらくホンの場合は、前身となる機種だったのかもしれません）。これが例えば「使いやすさ」であったとします。

【図表17　マーケティング活動の基本】

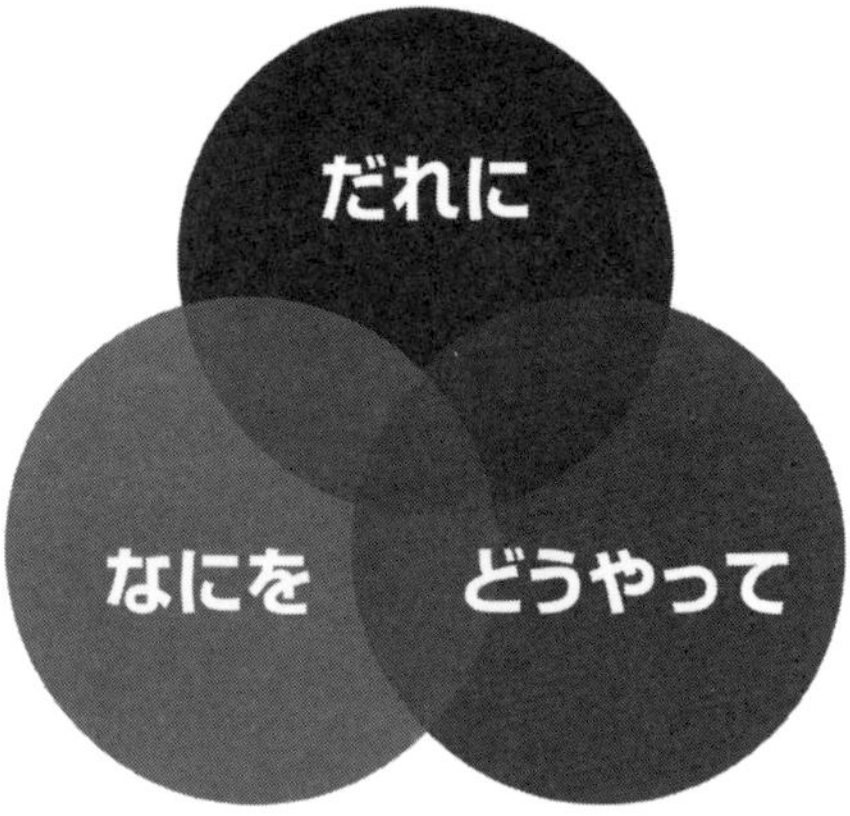

次に「使いやすさ以外でやめてもいい機能（サービス業の場合はサービス）は？」と質問し、ブレーンストーミングしてアイデアを書き出していきます。

ここで出てきたプロセスをなくす、もしくは縮小することで、「使いやすさ」に選択と集中し、お客様をさらに喜ばせることができるかを検討します。可能だと判断したら実行します。

【図表18 「やり方」コアプロセス強化法】

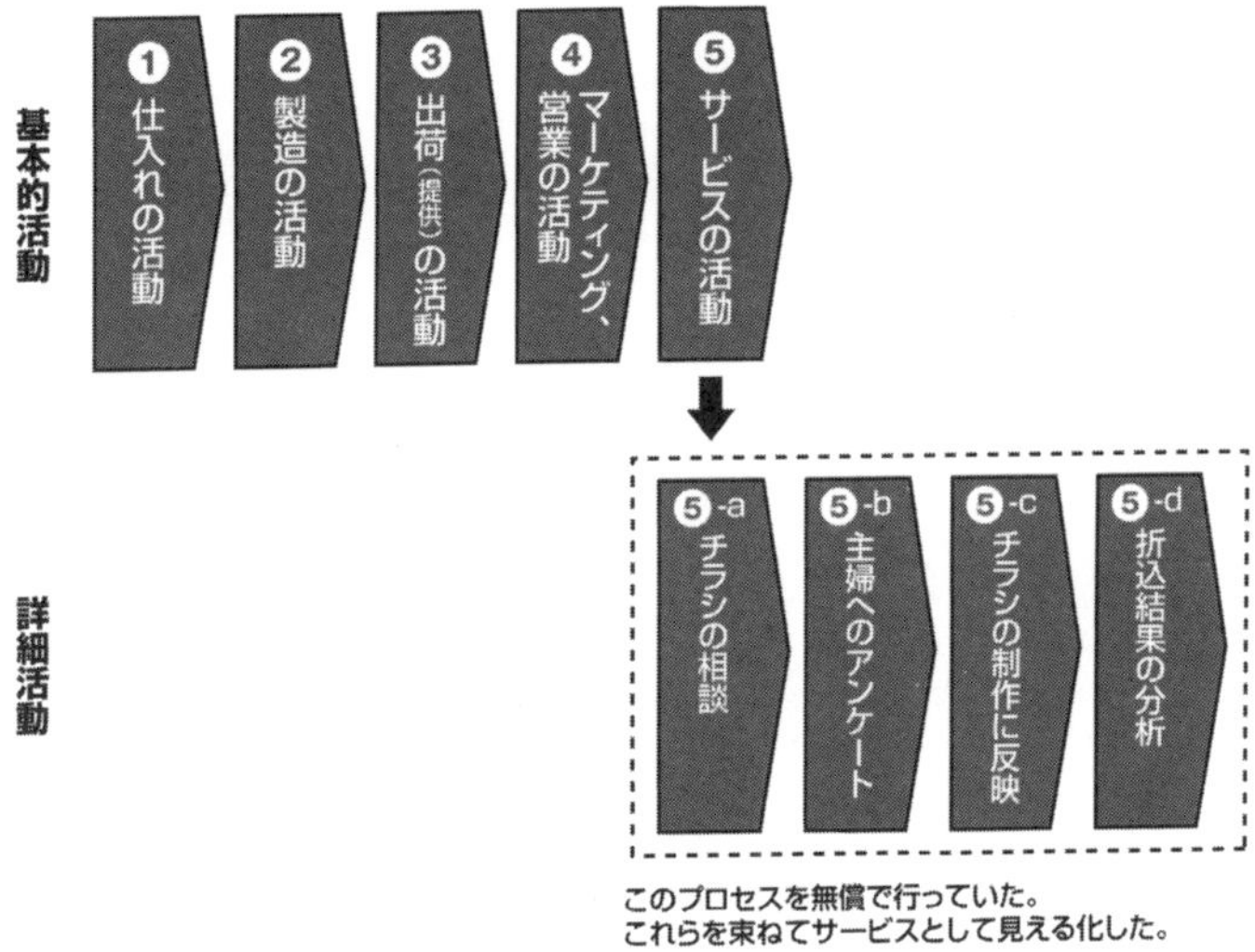

7 方法その3 「やり方」コアプロセス強化法

「やり方」コアプロセス強化法の解説

この方法は、もっとも現場で多くみられるケースで比較的取組みやすいです。暗黙知としてコアプロセスの原型が存在しているケースが多々あります。しかし、本人達が気づいていないのです。

これらを整理しまとめて「見える化」し、後述するセールスポイント「伝え方」でしっかりと伝えていくという方法です。

「やり方」コアプロセス強化法の事例

図表18は、第1章で紹介した「チラシの反響が撒く前にわかる」チラシの反応率を上げるサービスを提供するようになった印刷会社の事

例（詳細は、36ページ参照）です。

この企業の営業担当者は、⑤サービスの活動の一環として、でき上がったチラシの反響をいかに上げるか？　という視点で、「⑤―aチラシの相談」に乗るのが当たり前でした。

担当されていた女性部長は、自らが主婦だったこともあり、自身の意見はもちろんのこと、通販会社のターゲットに該当する知人の主婦達にも「⑤―b主婦へのアンケート」を行っていたのです。その意見を参考にして「⑤―cチラシ制作に反映」をしていました。

その後、チラシを折込して、⑤―a⑤―b⑤―cで企画した意図が成果につながっているかどうかを「⑤―d折込結果の分析」として報告していました。この姿勢が評価され、リピート発注をいただいていたのですが、すべて無料でやっていたのです。

印刷業界に限らず、仕事を発注してもらうために営業サービスの一環として無償であれこれやっているということは多々あります。これらは、すべてノウハウですが、無償で行っていたサービスです。

このサービスで成果を上げた成功事例（チラシの反響率が高いもの）もまとめ、ノウハウを体系化し、チラシや小冊子にまとめてセミナーで公開するようにしたのです。

当初は無料でやっていましたが、成功事例が増え、ノウハウの精度も上がったのを確認した上でサービスを有料化していきました。

【図表 19　小冊子・セミナーの事例】

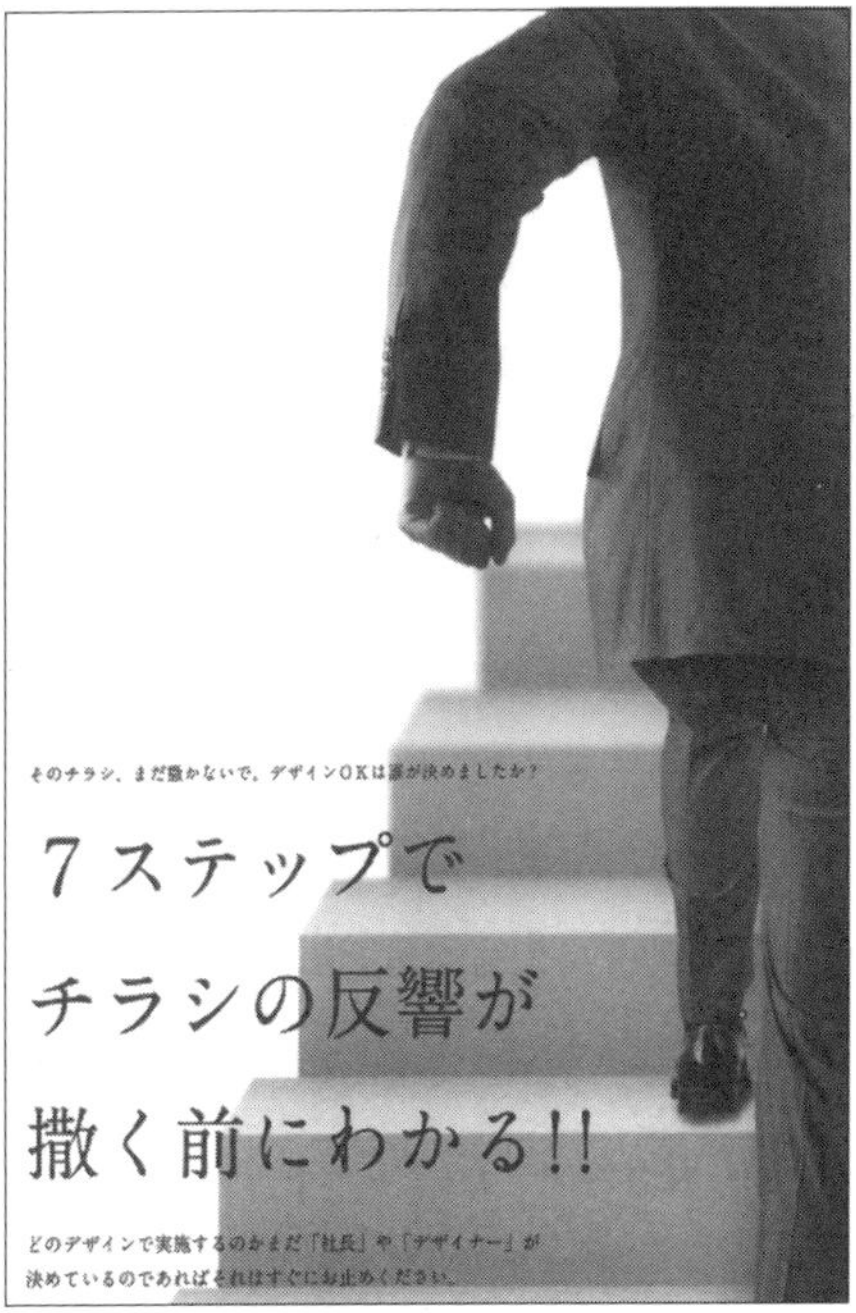

「やり方」コアプロセス強化法の取り組み方

この取り組み方のポイントは、既に行っている過剰サービスに気づくことからスタートします。

具体的には、④マーケティング、営業の活動や⑤サービスの活動の中で、「基本的サービス以外に提供しているプラスアルファのサービスは？」という問いをたて、ブレーンストーミングをします。できれば複数出してみて、そのプロセスの流れをまとめてみます。

紹介した印刷会社の事例であれば、「基本的サービス（チラシ印刷）以外に提供しているプラスアルファのサービスは？」と各営業マンに聞いていきます。

そうして出てきた、「チラシの相談」「主婦へのアンケート」「チラシ制作に反映」「折込結果の分析」がもたらした成果（お客様が喜ぶこと）を導くＨＯＷＴＯをステップバイステップに体系化し、それらを各広告や販促物にまとめていきます。

8　方法その4　「ネーミング」コアプロセス強化法

「ネーミング」コアプロセス強化法の解説

この方法は、強みを発揮しているプロセスに焦点をあてて、ネーミングをつけることで競合が提供していない価値を「見える化」させます。比較的少ない労力で効果を発揮することができるやり方です。

【図表20 「ネーミング」コアプロセス強化法】

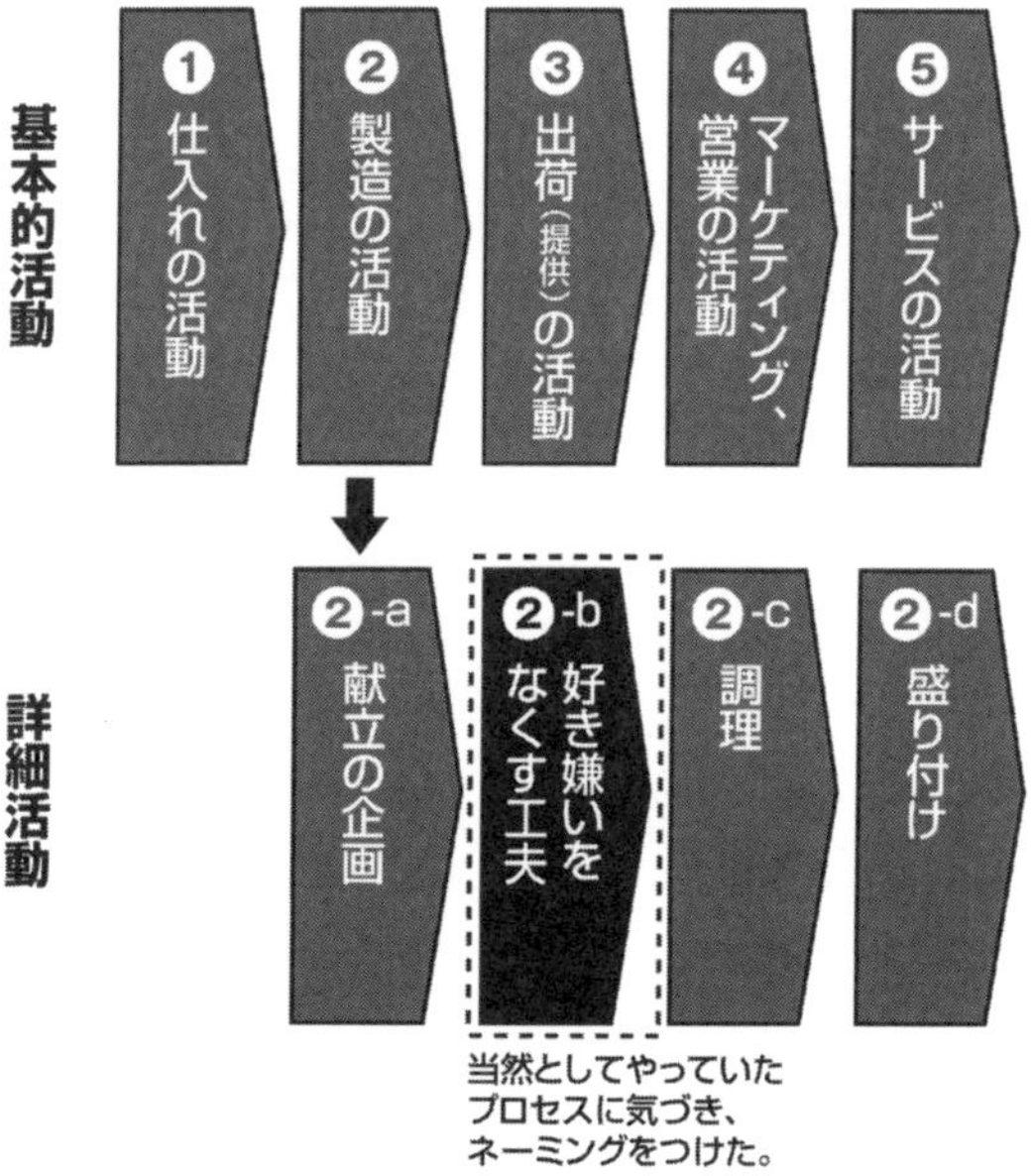

「ネーミング」コアプロセス強化法の事例

図表20は、第1章で紹介した「きらいなものがすきになるよ！『魔法のお給食』」という主張をするようになった給食会社の事例（詳細は、40ページ）です。

一般的に給食会社の②製造の活動プロセスは、②―a献立の企画、②―c調理、②―d盛り付けという流れでしょう。

しかし、この企業は子供達に好き嫌いをさせない、残さないで食べてもらうために、栄養士や調理師は、子供達に好き嫌いをさせないための工夫をしています。

ここに、自分達が気づいていないプロセス②―b好き嫌いをなくす工夫が存在していたのです。

ここが見えていないから、使えていない、強化していないという状態だったのにもかかわらず、園児からのアンケートやお母さんのアンケートで、「にんじんが嫌いだったのに食べれるようになった」とか、「ピーマンが嫌いだったのに食べれるようになった」といったようなアンケートやお手紙をたくさんいただいていたのです。

顧客からのフィードバックに着目するということは、マーケティング上いうまでもなく非常に重要な取り組みです。

ここに自社が理解できていないコアプロセス＝異彩を放つことができるセールスポイントの土台になりうる重要な情報や、企業としての無形資産が潜んでいることが多いのです。この給食会社もそうでした。

お客様からのアンケートやお手紙に社員一同喜びを感じ、時には感動してモチベーションを上げるというのも大事ですが、さらに一歩進めて、何度も出てくるフィードバックには、自社のコアプロセスが影響しているのではと気づくことが重要なのです。

好き嫌いをなくす工夫は、この給食会社にとっての重要な工夫の連続、経験が蓄積された組織風土が育っていたのです。

ここに着目して、ネーミングをつくり、次章以降で紹介していくキャッチコピーなどを駆使して広告や販促に使っていきました。

「ネーミング」コアプロセスの強化法の取り組み方

コツは、見えないコアプロセスにいかに気づくかです。気づくためには意識をどこに傾けるかが重要なポイントになります。

具体的には、事例で紹介したように顧客アンケートを取るという方法が適切です。繰り返し出てくる肯定的な感想に対して、「この感想をつくりだしている弊社独特のプロセスはなんだろうか？」というような質問をプロジェクトメンバーとブレーンストーミングしてみてください。

先ほどの事例では、次のようになります。

「園児達やそのお母さんが嫌いなものが好きになったという感想をつくりだしている弊社独特のプロセスはなんだろうか？」

先入観を持たせるといけませんが、大抵は、企業の理念に付随していることが多いです。

例えば、食育を推進していくという給食会社の理念であれば、嫌いなものでも残さず食べさせるという独特のプロセスが組織風土として育っていることが多いです。その中に必ず工夫があり、コアプロセスになっているケースが多いのです。

ここに着目し、ネーミングをつけていくということがヒントになります。ネーミングのつけ方に関しては、技術になります。良書がたくさん出ていますので、そういったものを参考になさるか、外部の専門家に相談してみてください。コアプロセスを見える化して使えるようにする部分は、プロも交えてやったほうが速いでしょう。

9 「異彩を放つセールスポイント」をつくり出す土台の「コアプロセス」を強化して勝つ！

マーケティングを強化するコアプロセスの強化

経営には4つの要素（マーケティング、人財育成、内部の仕組み、財務）が複雑に絡み合っていると述べました。

特に本書で重要視しているのが、「マーケティング」＝売上をつくる活動と「内部の仕組み」＝商品を生み出す仕組み（手順）の活動同士の絡みです。

「マーケティング」がうまくいかない原因は「内部の仕組み」に起因するケースが本当に多いのです。

強い主張をするために「内部の仕組み」の「コアプロセス」を強化する4つの方法をこの章で伝えさせていただきました。

強化方法の事例でも見てきたように、ビジネスモデルを支えているのがコアプロセスです。

コアプロセスを開発、育成、改良、改善していくことは、ビジネスモデルの改良にもつながります。

コアプロセスに注力し、「見える化」「使える化」「強化」してもらいたいのです。

そのための「足し算」「引き算」「やり方」「ネーミング」という4つのコアプロセス強化方

法です。

これらを単独で使っても、応用してもらっても構いません。それぞれを組み合わせて使えば、さらにパワフルなコアプロセスに強化することができます。

コアプロセスを強化して競合に勝つ！

異彩を放ち「競合に勝つ」セールスポイントの土台のつくり方を述べてきました。この土台があってこそ、次章から紹介する「伝え方」が活きてきます。経営者の方であれば、自社のコアプロセスを見つめてみてください。

そして、経営を外部から支援する方は、コアプロセスの「見える化」「使える化」「強化」という視点を持った上で、伝える支援に繋げることで必ずや結果を出すことが可能となり、クライアントから感謝されることになるかと思います。その結果、満足度が上がり自社の経営強化にもなるはずです。

また、こういった関わり方ができるようになる広告支援会社は、同時に自社のコアプロセス開発にもなります。並居る競合会社に勝つ重要なポイントになるのです。

逆の言い方をすると、このような関わり方ができない広告支援会社は今後淘汰されていくかもしれません。

是非とも取り組んでみてください。

広告や販促をどれだけがんばっても競合に勝てない理由

広告や販促をどれだけがんばっても競合に勝てない理由は、コアプロセスが強化されていないということをご理解いただけたでしょうか。

「競合に勝つための仕組みをつくりたいという相談がない」と伝えてきました。

多くの経営者や広告支援会社がこの視点を持っていないということなのです。コアプロセスは盲点なのです。多くの企業がコアプロセスに対して見る意識を傾けていない事実を今一度認識してください。意識を傾けていないと成果はでません。

繰り返しますが、広告や販促の成果と因果関係があるのがコアプロセスです。しかし、盲点となっているので見えていません。ですから上手く使うこともできません。強化することもできません。これでは、広告や販促で競合に勝つことは無理があるのです。

本書を手に取ったあなたは、多くの企業にとって盲点であるコアプロセスを改善することが可能となりました。今まで意識して取組んでいなかったことを強化すれば成果につながりやすいはずです。

是非ともコアプロセスに意識を傾けてください。ここを見えるようにして、使いまくり、強化することで広告や販促の成果が格段に上がるはずです。その結果として、競合企業に勝ち続けられるマーケティング活動が可能となります。

第3章　異彩を放ち「競合に勝つ」キャッチコピーのつくり方

1　異彩を放つキャッチコピーづくり3つのグランドルール

強い主張をしなければ成果は出ない！

リーブスが定義したＵＳＰ３つの原理原則を今一度、振り返ってみてください。

①　広告は、消費者に向かって強く主張すべき点がなければならない。競合がよく使っている手垢のついた言葉は避けなければならない。消費者にこう呼びかけるべきだ。「この商品をお買いなさい。そうすれば、あなたはこんなに良い点を得ることになるはずだ」

②　その主張は競合が主張していないものか、それとも主張しようとしてもできないことでなければならない。

③　その主張は、パワフルであり、多くの消費者が自社商品を買わせるための行動をさせるものでなければならない

これらは、リーブスの研究成果をまとめた言葉であり、これを原理原則とします。これを私なりに要約し､さらに現代風にアレンジした「異彩を放つキャッチコピーづくり３つのグランドルール」としてまとめたものが次のとおりとなります。

①競合が主張していない、手垢のついていない強い主張をする。
②競合には真似のできないコアプロセスを土台とした強い主張をする。

③その主張はパワフルであり、多くの消費者が自社商品を買わせるための行動をさせることに成功したら、一貫してあらゆる広告・販促に適応する。

この3つに留意して、異彩を放つ「セールスポイントの土台」の上に、異彩を放ち「競合に勝つ」キャッチコピーをつくります。そして、このキャッチコピーを軸に広告、販促ツールをつくっていって欲しいのです。

ＵＳＰ≠異彩を放ち「競合に勝つ」キャッチコピーは、前述した3つのグランドルールに沿った主張であります。これをベースに広告、販促ツールをつくるやり方を次章で紹介いたします。本章では、その軸となるキャッチコピーのつくり方を学びます。

コンセプトがブレブレの広告、販促ツールは成果が出ない！

キャッチコピーづくりは、後述する広告、販促ツールづくりのコンセプトたるものになりえます。コンセプトがブレている広告や販促ツールは、見込み客や顧客にとっては何が言いたいのか全く伝わりません。なのでキャッチコピーづくりは非常に重要です。

購入させるための行動に全くつながっていない広告、販促ツールを本当に多く見かけます。これでは当然のことながら成果にはつながりません。

マーケティング戦略を成功させるための戦術ツールとしては失敗となってしまうのです。それを避けるためにも、リーブスが定義したＵＳＰ３つの原理原則をベースに、私が提唱する3つのグランドルールを守ることをおすすめいたします。

2　異彩を放ち「競合に勝つ」キャッチコピーのつくり方「8つのステップ」

キャッチコピーをつくる8つのステップとは

競合に勝つ「異彩を放つセールスポイント」を徹底的に磨くには、2つの構造を意識することが重要だと述べてきました。具体的には、65ページ図表12の「セールスポイントの土台」と「伝え方」です。

前章では、「コアプロセス」のつくり方を説明しました。この章では、「伝え方」部分の軸になるキャッチコピーのつくり方について説明いたします。

つくり方は、次のとおり8つのステップを順番に行うことでつくれるようになっています。

ステップ1．「だれに」「なにを」「どうやって」を明確にする
ステップ2．商品の特長を書きだしてみる
ステップ3．特長を受け取ったお客様のメリットを書き出す
ステップ4．特長とお客様のメリットをつなげてみる
ステップ5．キャッチコピーの途中チェックをする
ステップ6．競合商品のキャッチコピーを調べてみる

ステップ7．「3つの型」を使ってキャッチコピーを完成させる
ステップ8．キャッチコピーの最終チェックをする

各ステップの詳しいやり方や事例は、次ページより紹介していきますが、ここでは、まず概要をつかんでください。

ステップ1．は、キャッチコピーをつくっていく前の準備段階です。マーケティングの基礎「だれに」「なにを」「どうやって」を整理していきます。

ステップ2．ステップ3．ステップ4．では、キャッチコピーを書くための素材を用意します。キャッチコピーの素をつくるステップになっています。

ステップ5．では、出来上がったキャッチコピーの素をリーブスの原理原則に沿っているかをチェックします。

ステップ6．では、競合商品のキャッチコピーをリサーチしています。

ステップ7．では、キャッチコピーの素をより洗練、異彩を放つようにするためのブラッシュアップを行います。

ステップ8．では、3つのグランドルールに沿っているかどうかを最終チェックします。

以上8つのステップで、異彩を放ち「競合に勝つ」キャッチコピーをつくれるようになっています。

それでは、8つのステップを具体的に説明していきます。

3 ステップ1 「だれに」「なにを」「どうやって」を明確にする

「だれに」は絞り過ぎるほどいい！

マーケティング活動の基本である「だれに」「なにを」「どうやって」を広告、販促ツールの軸であるキャッチコピーをつくっていく前に明確にします（76ページ図表17参照）。特に「だれに」を明確にすることは、広告、販促の成果に直結するため大変重要な基本ですが、ついつい見落としてしまったり、精度が低かったりということが多いのです。

コンサル現場で、「広告」や「販促」ツールの添削をしますが、その際にアドバイスする90％以上が、「ターゲットを絞り込んでください」という内容です。言い換えれば、いかにターゲットを絞り込んでいないかということになります。

絞ると怖い理由

絞ると市場を小さく切り取ることになってしまうため、お客様が減ってしまうのではという恐れがあります。

しかし、真実は逆です。絞れば絞るほど多くのお客様にキャッチコピーが届く可能性が高いのです。

理由は2つです。

1つ目は、商品が氾濫していて消費者のニーズも多様化しているので、抽象的な言葉だとターゲットの関心の枠に入らないのです。

2つ目は、ターゲットを絞り込んでキャッチコピーを具体化したほうが、ターゲットおよび周辺ターゲットに対してもイメージできるので、結果的に効果が出るのです。

キャッチコピーのワードは、最終的にある程度抽象化していくとしても、スタート時は、ターゲットをできるだけ絞っておいたほうが成功する確率が高くなりますので、肝に銘じておいてください。

ターゲットを絞った（市場を狭めた）のに大ヒットのロングセラー事例

清涼飲料水の市場は、商品の細分化といって「だれに」対しての「なにを」＝商品が恐ろしく細かく分類されています。

この市場の商品細分化に見習うことは多いのです。

例えば、缶コーヒー「ワンダモーニングショット」という商品は、〝朝の気つけの一杯をショット感覚で楽しむ〟をキャッチコピーとして2002年に発表されました。

〝朝〟に飲用シーンを絞ったのは、気分転換などで缶コーヒーがもっとも飲まれる時間帯が午前中に集中しており、〝朝の気つけの一本〟というニーズが高かったからです。

飲用シーンを絞るとターゲットとなる消費者が減ってしまうと思いがちのところを、見事に絞り込んで、大ヒットロングセラー商品となっています。

絞込み事例

それでは、具体的なターゲットの絞込み方法をイメージしてみてください。

ターゲットの「基本情報」「地域」「価値観」といった属性で絞り込みます。

「なにを」を第1章の成功事例で紹介した美容室（詳細は、32ページ）とします。「基本情報」とは、ターゲットの性別、年齢、役職、年収といった属性です。

この事例の場合は、

「基本情報」女性、30～40代、主婦、世帯年収８００万円以上

「地域」名古屋市千種区本山地区周辺

「価値観」おしゃれ、転勤族多い、東京思考

という感じになります。ターゲット属性の項目は、これ以外にも必要に応じて増やすことをおすすめします。

繰り返しますが、ここでは抽象的ではなく具体的にしておいたほうが良い結果を招きます。できるだけ「基本情報」「地域」「価値観」といった属性で具体的な項目を書き出すことをおすすめします。

もちろんここに挙げた属性以外のものも追加してもらって構いません。

例えば、先ほどのワンダモーニングショットであれば、「利用シーン」といった属性も追加すべきでしょう。

必要に応じて、ターゲット像を具体化していくための切り口を検討して、追加を試みてください。

複数ターゲットはどうすべきか

「なにを」によっては複数のターゲットがいることもあります。多くても3つくらいのターゲットに留めておくことをおすすめします。

序列もつけるとよいです。

1番目をコアターゲットとし、2番目をサブターゲット、3番目をサブターゲット2としておくとよいです。

絞込みの要諦を述べます。後述する競合商品のキャッチコピーよりもターゲットを具体化し、絞り込むことが重要だと頭に入れておいてください。

ここまできたら、「だれに」「なにを」が明確になっていませんか?

「どうやって」は、広告、販促ツールの使い方になりますので後述します。

4　ステップ2　商品の特長を書きだしてみる

「特長」「ユニークさ」「独自性」「強み」を書き出す

「だれに」「なにを」を明確にした上で、次のステップへ進みます。ステップ2では、商品の特長を書き出します。商品の特長以外にも、「ユニークさ」「独自性」「強み」をできるだけ多く書き出していくのです。

ここで紹介する事例は、第1章で紹介した美容室（詳細は、32ページ）です。同社のコアプロセスは、「理想の髪型が長持ちさせるカット技術」です。このコアプロセスを土台につくりだした「異彩を放ち競合に勝つキャッチコピー」は、

90日間来店不要！　南青山『フェイズ』元店長の成せる技

でした。

このキャッチコピーをつくっていく過程を事例として紹介していきます。

「だれを」は、30～40代主婦（詳細は、94ページ）です。「なにを」は、カット技術となります。

実際に書き出してみました（図表21）。

このように「特長」を書き出していきます。できるだけ多く書くに越したことはありません。最低でも4つか5つ位は書き出すようにしてください。書き出すことができたら、ひとまず置いてお

きましょう。そして、次のステップ３に進みましょう。

【図表 21　「特長」の書き出し事例】

特　長

■技術力が高い

■南青山有名店の店長

■カット断面が逆

■お店に緑が多い

■提案力が高い

5　ステップ3　特長を受け取ったお客様のメリットを書き出す

お客様は顧客便益を買っている

ステップ3では、「特長」を受け取ったお客様が感じている（感じるであろう）メリットを書き出します。お客様は商品そのものを購入しているのではなく、そこから得られるメリットを購入しているからです。

売り方のノウハウをアドバイスする本でも「顧客ベネフィット」とか、「顧客便益」と呼んでいるものです。

本書では、わかりやすく「お客様のメリット」としておきます。次ページにある図表22をご覧ください。

このように商品を買ってくれた人のメリットを書き出していきます。もし、どうしても「お客様のメリット」がわからないという方は、お客様へアンケートやインタビューをすることをおすすめしております。

「お客様のメリット」も、できるだけ多く書き出せるに越したことはありませんが、少なくても構いません。できれば4つか5つぐらいは書き出すようにしてください。書き出すことができたら、ひとまず置いておきましょう。それでは、いよいよステップ4です。

【図表 22 「お客様のメリット」の書き出し事例】

お客様のメリット

■理想の髪型になる

■おしゃれな空間

■手入れしやすい

■イメチェンできる

■理想の髪型が
長持ちする（3か月位）

■安心して任せられる

6　ステップ4　特長とお客様のメリットをつなげてみる

【図表23　特長とお客様のメリットをつなげた事例】

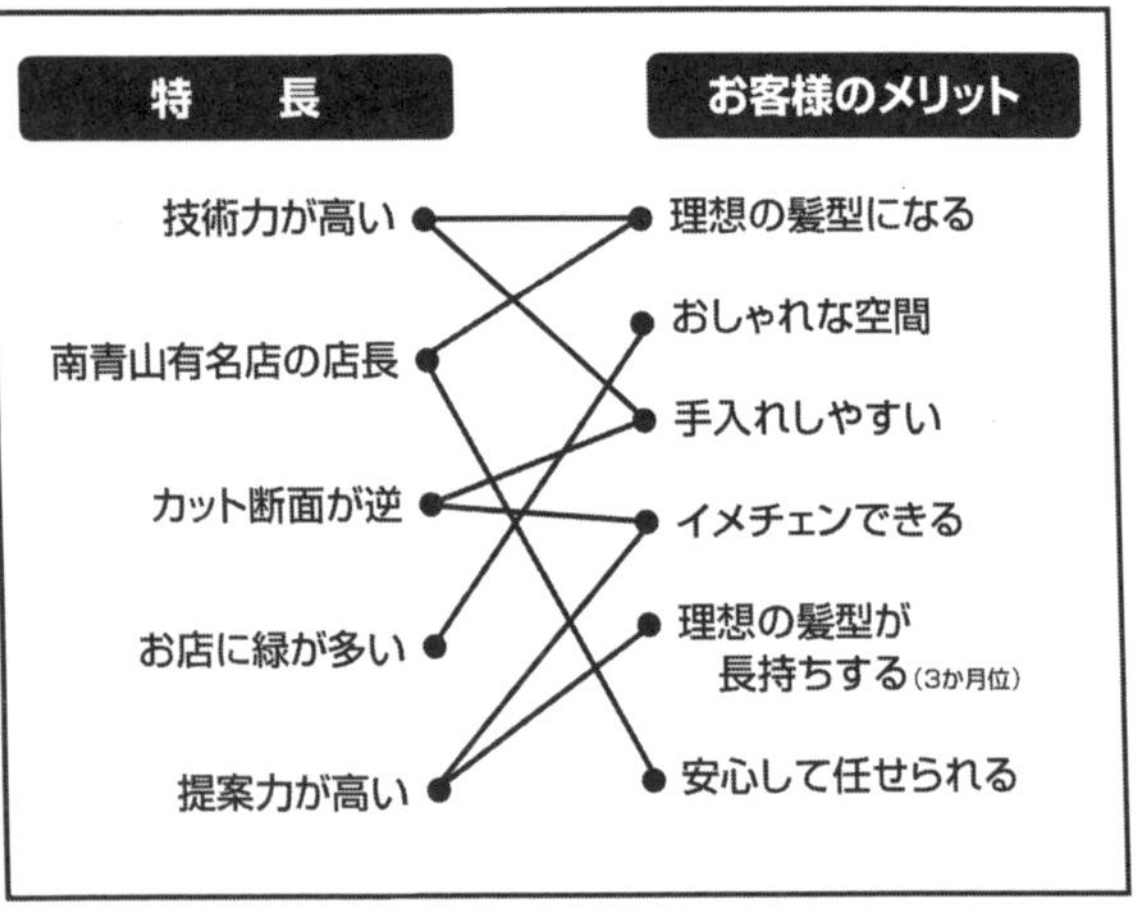

異彩を放つキャッチコピーの素づくり

特長とお客様のメリットを書き出すことができたら、図表23のように線で結びつけて欲しいのです。ここでの作業のコツは、直感で楽しくつなげていくことです。

特長＋お客様のメリットは、異彩を放つキャッチコピーの素となります。異彩を放つことができるかどうか、この段階ではわからないので、いくつも候補をつくってみてください。

つなげる作業時に新たな特長やお客様のメリットを思いついた場合は、随時追加し、特長、お客様のメリットとつなげます。1つの特長、お客様のメリットから何本も線が出るのも一向に構いません。

事例の異彩を放つキャッチコピーの素

次のようなキャッチコピーの素ができました。

技術力高い＋　理想の髪型になる
技術力高い　＋　手入れしやすい
南青山有名店の店長　＋　理想の髪形になる
南青山有名店の店長　＋　安心して任せられる
カット断面が逆　＋　手入れしやすい
カット断面が逆　＋　理想の髪型が長持ちする（3か月位）
お店に緑が多い　＋　おしゃれな空間
提案力が高い　＋　イメチェンできる

ご覧いただいたように何となくではありますが、キャッチコピーっぽくなってきました。このように、「ステップ2　商品の特長を書きだしてみる」「ステップ3　特長を受け取ったお客様のメリットを書き出す」「ステップ4　特長とお客様のメリットをつなげてみる」を行き来し、できるだけ多くのキャッチコピーの素をつくってください。

異彩を放つキャッチコピーの素がいくつかできたら、次のステップへ進みます。

7　ステップ5　キャッチコピーの途中チェックをする

リーブスの原理原則を穴埋めにしたものにあてはめてみよう！

ここまでのステップでできあがったキャッチコピーの素を次の穴埋めにあてはめてみてください。

> ☆☆さん！この★★をお買いなさい。
> そうすれば、○○といった特長があるので、
> あなたは、△△を得ることになります。
> △△といった特長は、競合企業には提案できません。
> なぜなら、□□といったコアプロセスは他社が真似できないからです。
> この主張が通れば☆☆さんのような多くのお客様を動かすことができるはずです。

☆☆・・・ステップ1の「だれに」で定めたターゲット
★★・・・ステップ1の「なにを」で決めた商品
○○・・・キャッチコピーの素の特長（ユニークさ、特別さ、強み）部分
△△・・・キャッチコピーの素のお客様のメリット（顧客の便益）部分
□□・・・第2章の「コアプロセス強化法」でつくったコアプロセス（自社独特のプロセス）

前述した美容室の「だれに」は、30～40歳の主婦です。地域は名古屋市本山地区にお住まいで、おしゃれ好きの方々です。「なにを」は美容室でヘアカットサービスを受けてもらうことです。これを穴埋めした事例が次のとおりです。


「名古屋市本山地区周辺にお住まいのおしゃれ好き30～40歳主婦」さん！

この美容室でカットをしなさい。

そうすれば、「カット断面が逆」といった特長があるので、
あなたは、「理想の髪型が長持ちする（３か月位）」を得ることになります。

「カット断面が逆」といった特長は、競合店には提案できません。

なぜなら、「理想の状態を長く持たせるカット技術」といったコアプロセスは他店が真似できないからです。

この主張が通れば「名古屋市本山地区周辺お住まいのおしゃれ好き30～40歳主婦」さんのような多くのお客様を動かすことができるはずです。


穴埋めする内容によっては、文章を変えた方がイメージを膨らませることができるかと思います。例えば、「カット技術を受けなさい」だとおかしいので「カットをしなさい」という文章に置き換えています。穴埋めした文章を確認してみて違和感がなければＯＫです。次のステップへ進みましょう。引っ掛かったりする場合は、他のキャッチコピーの素をつかったり、ステップを戻ってやり直したりして違和感がなくなるまで繰り返してみてください。

8　ステップ6　競合商品のキャッチコピーを調べてみる

競合調査は、「だれに」「なにを」「どうやって」を合わせる

異彩を放つキャッチコピーの素ができて途中チェックを終えた時点で、はじめて競合商品のキャッチコピーを調べます。あなたが通販のＤＭでキャッチコピーをつくろうとしているのでしたら、通販というやり方で競合商品のキャッチコピーを書き出します。必ず競合商品とぶつかる「だれに」「なにを」「どうやって」の「どうやって」部分の「やり方」を合わせて調査することをおすすめします。

この事例では、「だれを」を名古屋市本山地区に出店している美容室にしています。「なにを」をその競合のカット技術（広義に捉えて技術だけではなくお店全体の主張にする場合もあり）にしています。「どうやって」をオープン時の折込チラシ、ホームページ、ホットペッパービューティ（美容室を紹介する広告サイト）としています。それらに掲載されているキャッチコピーを書き出していきます。

実際に競合店のキャッチコピーをいくつかピックアップしました。

「シンプル×上品」な大人可愛いスタイルを形にする　パターン１

変化を楽しむ大人世代へ、大人可愛いを創り出す　パターン1
知る人ぞ知る上質なオシャレ隠れ家サロン　パターン2
女性スタッフ多数のサロンだから初めてでも安心　パターン2
「要望を思うように伝えられない…」こんなお悩みをお持ちの方へ、AAA（競合店名）ではお客様の心の声をカタチにします　パターン3
※実際にはもっと精査していますが、ここではわかりやすくするために一部の調査事例を掲載しています。

このように競合商品のキャッチコピーを書き出していくと大体傾向がわかります。先ほどの競合店のキャッチコピーは、大別すると「パターン1．理想のスタイルにしますよ」「パターン2．うちの美容室雰囲気いいですよ」、「パターン3．カウンセリングうまいよ」という3つのパターンによる主張が踊っています。調べていくと競合が主張していない穴がいくつか見つかってくるのです。この事例で使ったキャッチコピーの素は「カット断面が逆　＋　理想の髪型が長持ちする（3か月位）」です。

「理想のスタイルが長持ちしますよ」という主張は、競合にはないことが見受けられます。傾向がわかってくると、お客様にとって、どの競合も主張していない「特長＋お客様のメリット」が含まれた、異彩を放ち「競合に勝つ」キャッチコピーの素が浮き彫りになってくるのです。ここは、重要なポイントなので是非押さえておいてください。ここまでうまくできれば勝負で勝つ可能性が大幅に上がります。

この後、キャッチコピーに仕上げていきますが、競合の主張を分析すると、「手垢」のついた言葉や言い回し、主張する方向性は、キャッチコピーの素レベルでも手垢のついた言葉を避けたほうがよいことをおわかりいただけたでしょうか。

次のステップ以降でキャッチコピーに仕上げていきますが、その際も直接競合の主張はもちろんのこと、業界全体で手垢のついている言葉は、できるだけ避けましょう。

9　ステップ7　「3つの型」を使ってキャッチコピーを完成させる

ターゲットの関心の枠に飛び込み、記憶に粘るキャッチコピー

競合商品のキャッチコピー分析が終わったら、いよいよキャッチコピーの素を使って、異彩を放ち「競合に勝つ」キャッチコピーに磨き上げていきます。異彩を放ち「競合に勝つ」キャッチコピーの機能は、「ターゲットの関心の枠に飛び込み、記憶に粘る」ということになります。

次章でつくりあげていく広告や販促ツールをお客様が見た際に、一瞬で関心の枠に飛び込み、記憶に粘り、成果につながる行動を促進していくというのが重要なことです。

キャッチコピーをチラシやホームページ、DMといった広告、販促ツールに落とし込む際に、記

憶に粘るほうが有利になるということは、感覚的におわかりになるかと思います。それを実現させるキャッチコピーをつくっていきます。

「ターゲットの関心の枠に飛び込み、記憶に粘る」をつくる「3つの型」

それでは、ターゲットの関心に飛び込み長く記憶に粘りやすくするための型を説明したいと思います。次の3つになります。

その1【○○→△△型】
その2【△△→○○型】
その3【△△のみ型】

ここでは、「ステップ5　キャッチコピーの途中チェックをする」で行った穴埋め部分の○○・・・キャッチコピーの素の特長（ユニークさ、特別さ、強み）部分
△△・・・キャッチコピーの素のお客様のメリットの（顧客の便益）部分
を使いキャッチコピーに仕上げていくのですが、次の3つのパターンが有効なことがわかっています。

その1【○○→△△型】は、○○（特長）から△△（お客様のメリット）という順番で伝えます。

その2【△△→○○型】は、その1の逆で、△△（お客様のメリット）から○○（特長）を伝えます。

その3【△△のみ型】は、○○（特長）部分を省略して、△△（お客様のメリット）のみを伝えます。

次ページからいくつか事例をご紹介します。ご覧いただき、一度ご自身で「型」に当てはめてやっ

てみてください。キャッチコピーをつくる際には、「事例を見てピンと来たもの」から当てはめます。3つの型全部を使い3パターンつくり厳選するという使い方もよいです。それぞれ説明していきましょう。

その1【○○→△△型】

【解説】

もっとも基本的な型です。異彩を放つキャッチコピーの素を「ステップ5．キャッチコピーの途中チェックをする」で行った穴埋め部分の
○○・・・キャッチコピーの素の特長（ユニークさ、特別さ、強み）部分
△△・・・キャッチコピーの素のお客様のメリットの（顧客の便益）部分
を○○（特長）から△△（お客様のメリット）という順番で伝えていく型です。

ステップ2から4までの特長、次にお客様のメリットを書き出し、線でつなぐという流れに沿って考えられることから比較的取組みやすい型になっています。はじめてキャッチコピーをつくる際はこの型をおすすめしています。

次ページより、この型を使ったキャッチコピー事例を4つほど紹介します。この型を使ったキャッチコピーの事例を学ぶことによって、この型の使い方を学んでください。そして、自社商品のキャッ

チコピーの素を使ってキャッチコピーを仕上げてみてください。

【この型を使ったキャッチコピー事例1】

〇〇（特長）値段は安いが、△△（お客様のメリット）技術は高い

【事例1の解説】

この事例は、低価格でカットを行うチェーン店のキャッチコピーです。特長は若干手垢がついているものの、技術は高いというお客様のメリットを統合してハイコストパフォーマンスを主張している競合が商圏に見当たらなかったので採用しました。「安い」と「高い」を対比させています。対比させた項目とリズム良く繰り返すことで記憶に粘りやすいように仕上げています。

【この型を使ったキャッチコピー事例2】

〇〇（特長）チラシの反響が　△△（お客様のメリット）撒く前にわかる

【事例2の解説】

第1章の成功事例で紹介した印刷会社の事例（詳細は、36ページ）です。

チラシを撒く前にアンケートをするという特長部分をまとめて「チラシの反響が」としています。事前アンケートの結果と、実際にチラシをまいた結果がほぼ同様になることから、「撒く前にわかる」としています。チラシを大量に撒いている企業（ターゲット）にとって関心の枠に飛び込み、「えっどういうこと？」と記憶に粘る強烈な主張となっています。その後、アンケートの仕組みサービスを提案し、チラシ印刷サービスの受注につなげています。

【この型を使ったキャッチコピー事例3】

○○（特長）
わがまま200%聞きます！

△△（お客様のメリット）
満足度200%の家

【事例3の解説】

注文住宅の設計・施工をしている工務店の事例です。

この会社は、営業兼設計を一級建築士の資格を持っているオーナー社長自らが担当しています。コアプロセスは、一級建築士ならではの「ヒアリング」からの提案力です。その特長を活かして、お客様の要望を徹底的にヒアリングしています。

その上で、他の建築会社が思いつかないような提案をすることで、お客様から大きな満足度を得ているのです。その点を、徹底的にヒアリングする様子を特長として「わがまま２００％」とし、大きな満足度をお客様のメリット「満足度２００％」と数値化して伝えています。２００％を数値化して２回繰り返すことで語感を整え、記憶に粘りやすいようにしています。

他の事例でも数値化することで具体化しながらインパクトを強めることができます。主張の中によく使えるテクニックとして覚えておいてください。

【この型を使ったキャッチコピー事例４】

○○（特長）具材はすべるが、△△（お客様のメリット）腕は上がる

【事例４の解説】

名古屋市で輸入、企画販売している商社のフライパン商品の事例です。

セラミックによるコーティングが施されているため、中まで素早く熱がる商品なので、特長を「具材はすべる」としました。中まで素早く熱が通るため、素材をおいしく焼くことができることから、

お客様のメリットを「腕は上がる」と伝えています。

この事例でも「すべる」と「上がる」と3文字ずつでリズムを整え、記憶に粘りやすいようにしています。これらをホームセンターで、販売したところ、同社にとって近年稀に見ない大ヒット商品となりました。


【〇〇→△△型の取り組み方】


特長からお客様のメリットという流れをスムーズに伝えるため、比較的イメージしやすいキャッチコピーの型となっていたはずです。

「具材はすべるが、腕は上がる」という出来上がったキャッチコピーの素は、「具材が引っ付かない」＋「調理が上手になる」です。しかし、「具材が引っ付かないから調理が上手になる」とすると、味気ないキャッチコピーとなってしまいます。

そこで具材が引っ付かないという言葉を他の言い回しができないかブラッシュアップし、ここでは、「具材がすべる」と置き換えました。

続いて、後半部分の料理が上手になるの「上手」を「シソーラス類語辞典」というウェブサイトを使って置き換えるための候補を出していきます。「上手」を類語検索すると「腕利き」という言葉が見つかりました。「料理が上手」という表現から「腕利き」という言葉でも表現できることがわかりました。さらに「腕利き」という言葉を他の言い回しがないか考えていくのです。「すべる」

に対して「上がる」に置き換えました。

前半の特長をいい抜く文と、後半のお客様のメリットをいい抜く文はそれぞれのポイント部分を対比させる、もしくは違う言い方で関連づけし、文字数も同じにすることで覚えやすいように仕上げるのがコツです。

その2【△△↓○○型】

【解説】

この型は、もっとも基本的な型「○○↓△△型」を少し応用した型です。異彩を放つキャッチコピーの素を「ステップ5．キャッチコピーの途中チェックをする」で行った穴埋め部分の
○○・・・キャッチコピーの素の特長（ユニークさ、特別さ、強み）部分
△△・・・キャッチコピーの素のお客様のメリットの（顧客の便益）部分
を△△（お客様のメリット）から○○（特長）という逆の順番で伝えていく型です。基本的な型の逆順で思考してきますので少し難しくなっています。

しかし、ターゲットに関連ある言葉を先出しして伝えることができるため、大きなインパクトを与え、成果につなげる確率を高めることができる型です。慣れたら、こちらの型でも取組んでいくことをおすすめします。

【この型を使ったキャッチコピー事例1】

△△（お客様のメリット）○○（特長）

90日間来店不要！ 南青山「フェイズ」元店長の成せる技

【事例1の解説】

キャッチコピーの素は「カット断面が逆 ＋ 理想の髪型が長持ちする（3か月位）」でした。

この型の順序に置き換えると「理想の髪型が長持ちする（3か月位） ＋ カット断面が逆」となります。理想の髪型が長持ちする（3か月位）というお客様のメリットの使える部分を探してみます。（3か月位）↓90日間と置き換えてみるとキャッチーになる感じがします（数値化することで具体的且つインパクトを持たせることができるテクニックとして覚えておいてください）。

「90日間理想の髪形が長持ちする ＋ カット断面が逆」という感じにすると、幾分はキャッチコピーらしくなります。

しかし、これでもまだ成り立たないので、言葉を置き換えるなどブラッシュアップしていくことで、インパクトのあるキャッチコピーに仕上げることが可能な型です。

置き換えのテクニック詳細に関しては、【△△↓○○型の取り組み方】にて後述します。

【この型を使ったキャッチコピー事例2】

△△（お客様のメリット）○○（特長）

サヨナラ過積載リスク！　持ち運び自由「ポータブルスケール」

工業用はかりメーカーの持ち運びができるトラック荷物重量用のはかり（ポータブルスケール）事例です。通常のはかりは、荷物を載せたトラックの総重量をはかることから、大掛かりで固定式です。このはかりは、持ち運びが簡単で設置、撤去も簡単なことが特長です。その特長を提供することで、「固定用で大がかりだったため、設置には大きなスペースが必要で、投資金額も大きく、移動もできないため、廃品回収業など出先の引き取りが多発し、過積載になってもわからないまま、運搬せざるを得ないという不便さを解消し、投資資金も大幅に削減できる」というお客様のメリットがあります。

【事例2の解説】

異彩を放つキャッチコピーを検討している時期に、法改正によって過積載の取締りが厳しくなりました。そのタイミングに合わせて、いつでもどこでも計量ができるので、過積載による法令違反のリスクが除けると主張しています。過積載の取締りを気にし始めているターゲットにインパクトを与えるお客様のメリットをズバッと伝えることによって、記憶にも粘るように仕上げています。リスクを取り除く際の「サヨナラ」という言葉には、感情が伴っているケースが多いので、読み手を惹きつけることができます。この心理を活用しています。

【この型を使ったキャッチコピー事例3】

△△（お客様のメリット）〇〇（特長）
家族も笑顔になれる　場所

【事例3の解説】

住宅型有料老人ホームの事例です。この老人ホームのコンセプトは、「入居される皆様が笑顔でお過ごしになることと、そのご家族様も笑顔になっていただくことは同じくらい大切なこと」です。

このコンセプトに基づき、施設内に約80㎡の多目的ホールがあります。そこで、毎月の誕生日会、季節ごとのイベントなど行っています。生活されている方々に楽しんでもらうことはもちろんのこと、家族の方々にも参加していただけるようなイベントを定期的に開催しています。

このイベントスペースが特長となります。

老人ホームに親を預けるご家族には、多少なりとも罪悪感がつきまとうものです。その罪悪感を少しでも払拭してもらえればというお客様のメリットをズバッと伝えた上で、特長である「場所」とまとめている事例です。

この主張をすることによって、オープン後すぐに満床になり、キャンセル待ちが続いています。また求人が厳しい中、離職率が低く人材確保に困っていません。

【この型を使ったキャッチコピー事例４】

△△（お客様のメリット）理想の人材が引き寄せられる　○○（特長）原稿つくります「ＵＳＰリクルーティング」

【事例４の解説】

求人広告の代理店事例です。

リクルートの媒体「リクナビ」「はたらいく」等を中心に取り扱っています。

リクルート代理店の課題は、同一商圏内で競合が同じ商品（媒体）を取り扱っているため、「お宅に頼むとどんなメリットがあるの？」といった問いに営業マンが答えられないことにあります。

そこで、第2章で紹介したコアプロセスの強化法を使って、従来の求人広告を制作するプロセスを強化しました。

具体的には、求人広告を依頼してきたクライアント企業の「他社ではなく、その企業に就職すべき理由を主張する」制作プロセスを開発しました。

競合であるリクルート代理店は、代理店自体の主張がない状態です。お客様のメリットをストレートに主張し、サービスのネーミングもつくりました。

【△△→○○型の取り組み方】

お客様のメリットを先に伝えるという型なので、この部分の加工がものをいいます。そのためキャッチコピーの素を反対に並べただけでは使えないケースが多いです。

前述した美容室の事例で説明すると、キャッチコピーの素は「カット断面が逆 ＋ 理想の髪型が長持ちする（3か月位）」です。

この型で置き換えると「理想の髪型が長持ちする（3か月位）＋カット断面が逆」という感じになり、文章としては成り立ちません。

そこで前半、後半部分共に言葉を置き換えます。

例えば、長持ちする期間（3か月位）を90日間と置き換えます。そうすると「90日間理想の髪型が維持できる」となります。これでも悪くはありませんが、もっとインパクトを持たせるためのテクニックの1つである否定形を使います。

具体的には、「理想の髪型が維持できる」ということを否定形にするのです。「髪型が維持できる」の否定形は、「髪型が維持できるので来店しなくていいよ」ということになります。それをブラッシュアップしたものが、「90日間来店不要！」です。「カット断面が逆」という技術の特長は、わかりにくいため「店長の経歴」に置き換えています。

これは、東京のおしゃれスポット南青山の店長を勤めていたというパワフルな経歴が名古屋の人に響くため置き換えました。

このような置き換えは慣れが必要ですが、キャッチコピーをより良く仕上げるために必要なテクニックなので、参考にしてトライしてみてください。

その3【△△のみ型】

【解説】

この型はもっとも応用的で難しい型です。異彩を放つキャッチコピーの素を「ステップ5．キャッチコピーの途中チェックをする」で行った穴埋め部分の

○○・・・キャッチコピーの素の特長（ユニークさ、特別さ、強み）部分

△△・・・キャッチコピーの素のお客様のメリットの（顧客の便益）部分

の○○（特長）を捨て去り、△△（お客様のメリット）のみを強烈に言い放つ主張に仕上げていく型です。

難易度は上がりますが、仕上げ方によってはもっとも短くなります。

短い文で異彩を放つキャッチコピーができれば、大きなインパクトを与えて記憶に残すことができます。

基本的な型で慣れ、逆順にも慣れたら、是非こちらの型でも取組んでいくことをおすすめします。

毎日が森林浴
△△（お客様のメリット）

【事例1の解説】

地方の工務店事例です。

コアプロセスが健康住宅をつくる知識、ノウハウ、ソリューションが多くある会社です。創業社長は、自らの健康を害している要因の一部が新築住宅から発せられる有害化学物質にあると考えています。家族の健康を守るための住宅が、健康を害するシックハウス症候群を引き起こすきっかけとなっていることに異を唱えています。

そのため、シックハウス症候群対策を徹底した住宅を企画施工してきました。その特長として、シックハウス対策のさまざまな仕掛けがあるので、この家に住むと、すがすがしい空気が毎日得られるというメリットがあります。

そのメリットを表現したのが、多くのマイナスイオンを発生する仕掛けが住宅の随所にあることから、「毎日が森林浴」とお客様のメリットとして端的に言い抜きました。この置き換えは難しいので詳細を後述します。

【この型を使ったキャッチコピー事例2】

△△（お客様のメリット）10年間笑顔保証

【事例2の解説】

第2章のコアプロセス強化法でも紹介したリフォーム会社の事例（詳細は、69ページ）です。

地元密着でリフォーム後のアフターメンテナンス力が高かったという強みを活かすために、「足し算」コアプロセス強化法にてアフターフォローのプロセスを強化しました。具体的には、10年間の定期点検を無料で行い、お引渡後は定期的な点検を実施するというコアプロセス（セールスポイントの土台）をストレートに主張したのです

「保証」は、キャッチコピーの一部として使っていますが、家電量販店のようにアフターサービスで保証をつける場合もあります。

この事例の場合は、コアプロセスを強化した（無償点検を10年間行う）裏づけがあるので、キャッチコピーの一部に取り入れ、「10年間笑顔を保証します」と主張しています。

「10年間」という期間と「保証」に「笑顔」を入れることでお客様のメリットをさらに強調するようにして関心を持ってもらい、記憶に残りやすいように仕上げています。

【この型を使ったキャッチコピー事例3】

△△（お客様のメリット）丹後通の10人に9人が食べてます

【事例3の解説】

京都府の地域新興の事例です。

丹後の郷土料理として、ちらし寿司みたいな「ばらずし」があります。その「ばらずし」ですが、一度食べてもらえば必ず気に入ってもらう逸品料理です。しかし、全国的な認知も低いため、観光客が来ても食することもなく帰ってしまうという悩みがありました。

そこで、協力店舗やその他観光スポットに貼るポスターを作成し、「ばらずし」の売りを伝えることになりました。丹後をよく知っているヘビーリピーターを「丹後通」とし、彼らのほとんどが食べているという事実から、「10人に9人が食べています」とまとめました。

観光客は、おいしいものを食べたいが、失敗はしたくないと思っているので、観光客のお客様のメリットとして、「丹後通が太鼓判を押すので失敗しない」という主張をキャッチコピーとして伝えています。このような手法は応用範囲が広いので、是非とも参考にしていただき活用してみてください。

【この型を使ったキャッチコピー事例4】

△△（お客様のメリット）8割以上のお店が繁盛「hanjo navi」

【事例4の解説】

店舗を中心とした商業施設を設計、施工している企業の事例です。

岐阜県の東濃地区を中心に飲食店や商業施設を建てているのですが、そのほとんどが繁盛店になっているという実績がありました。しかし、ご本人達は自覚がありませんでした。

地元のケーブルテレビが取材する人気店の大半は、この会社が設計、施工したものばかりでした。それら人気店の設計、施工の方法が、同社のコアプロセスだったのです。

繁盛ストアプランニングと名づけましたが、この特長部分は割愛し、ストレートにお客様メリットである「弊社に任せてもらえば繁盛店になる確率が高いですよ」という主張にしました。

繁盛の定義にもよりますが、「あの店賑わっている」と感じられているお店の件数を実際にリサーチしました。

手掛けた8割以上が繁盛していることを根拠にこの主張をしています。

【△△のみ型の取り組み方】

特長を削ぎ落とし、インパクトのあるお客様のメリットに仕上げて伝える型です。特長を削って、お客様のメリットのみにした際にターゲットの関心を捉え、記憶に粘るか検討します。前述した「毎日が森林浴」のキャッチコピーの素は、「シックハウス対策のさまざまな仕掛け＋すがすがしい空気が毎日得られる」です。これをキャッチコピー風に整えると「シックハウス対策のさまざまな仕掛けを行うので、すがすがしい空気が毎日得られます」となります。これでも悪くはないですが、インパクトにかけます。

そこで、思い切って「シックハウス対策のさまざまな仕掛けを行うので」を削除すると、「すがすがしい空気が毎日得られます」となります。もっとインパクトを出すために、「すがすがしい空気が得られる素敵な場所はどこか？」と場所の置き換えを検討しました。そこで出てきたアイデアが「森林浴」です。「すがすがしい空気が毎日得られます」という言葉が一気に短くなりつつもイメージを膨らませる言葉に置き換わりました。そこに元々あった「毎日得られます」の「毎日」部分を前に持ってきて「毎日が森林浴」と整えたのです。

このように、まず特長を削ぎ落としてみて、お客様のメリット部分をインパクトがありつつも端的な言葉に置き換えていくと大きな成果を得られるキャッチコピーに仕上げることが可能となります。

ポイントは、置き換えた際にイメージが広がるかどうかです。是非トライしてみてください。

10　ステップ８　キャッチコピーの最終チェックをする

外部ブレインも交えて秀逸なキャッチコピーをつくろう！

いかがだったでしょうか？　広告関連の方であれば、イメージできて実務でも使える型になっているのかもしれません。是非やってみてください。

経営者様でしたら、この内容を理解した上で、キャッチコピーの素くらいまでは社内のプロジェクトチームで進めていただき、キャッチコピーに仕上げる部分に関してはプロも交えることで、より効果を出せる可能性がグンと上がります。是非トライしてみてください。

３つの型でブラッシュアップしたものを最終チェック

さて、ここまで進めてキャッチコピーができたら、次に掲げる４つの視点で最終チェックをしてみてください。

①競合が主張していない、手垢のついていない強い主張ができているか？
②競合には真似のできないコアプロセスを土台とした強い主張ができているか？
③ターゲットに近い人は、５分後、１日後でもキャッチコピーの概要を覚えているか？
①②は簡単にチェックできるかと思いますので、是非やってみてください。

長期記憶に入っているかのテスト

③は、できればターゲットに近い方に対してキャッチコピーを紙に書いたりして見てもらいます。見てもらう時間は、数秒で構いません。その後一旦紙を伏せます。できれば何も言わず、伏せてください。5分後くらいに「さきほど、見せたキャッチコピーを覚えていますか?」と質問します。同様に1日後にも同じ質問をします。

答えが、先ほどの「毎日が森林浴」でしたら、もちろん合格ですが、人間の記憶は曖昧なので、このようなケースがほとんどみられません。「何とかの森林浴だったかな?」といったような主張に重要な言葉が、記憶に入っているようでしたら合格とします。

③は、長期記憶に主張が入っているかどうかをチェックしています。人間の記憶は短期記憶と長期記憶に分かれており、長期記憶に入れたほうが有利であるため、長期記憶に送り込まれているかどうかの簡易的なテストを行っているのです。簡単にできる割には有用性が優れているので是非とも試してみてください。

ここまでチェックできてオーケーでしたら合格です。次のステップへ進んで、異彩を放つキャッチコピーを広告、ツールに落とし込んでみてください。

第4章　異彩を放ち「競合に勝つ」広告・販促ツールのつくり方

1　広告・販促ツールのレスポンスを上げる消費者心理を理解する

消費者の心理とは

企業の業績を上げるためには、当然のことながら成果につながる（ターゲットの購買につながる行動を促す）広告・販促ツールを制作して運用しなければなりません。そのためには、消費者心理を理解することが重要です。

その上で、広告、販促ツールには、レスポンス（反響）を取るためにどのような要素を配置して設計しなければならないか理解する必要があります。

【図表24　消費者心理の天秤】

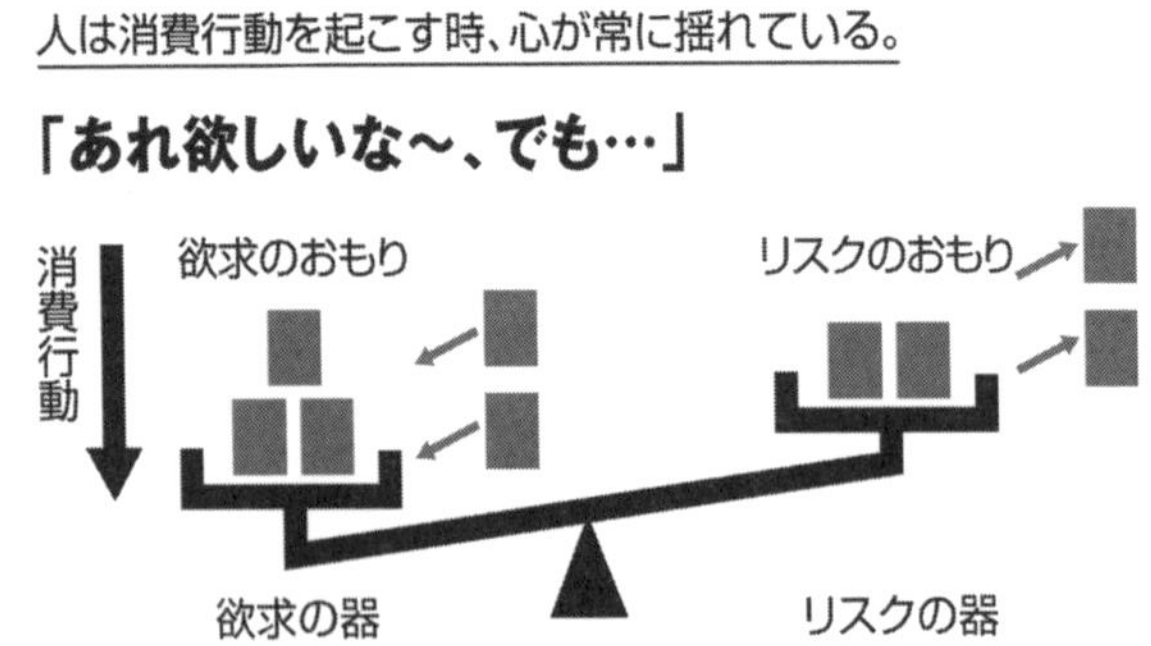
人は消費行動を起こす時、心が常に揺れている。
「あれ欲しいな～、でも…」
消費行動
欲求のおもり
リスクのおもり
欲求の器
リスクの器

常に揺れている消費者心理

図表24は、消費者心理を天秤に例えて表したものです。人は消費行動を起こす際、心が常に揺れている状態にあります。左側のおもりが「ズドン」と落ち切った状態が消費行動をしたといえます。

そこにたどり着くまでには、「あれ欲しいな〜、でも…」という揺れを起こし、最終的に左側に落とさなければなりません。

消費させるための行動を起こす広告、販促ツールとは、図表24でいう天秤の「欲求の器」に「おもり」を載せ続け、「リスクの器」から「おもり」を取り除くことを設計しなければなりません。

つまり、レスポンスを取る広告、販促ツールとは、欲求の「おもり」となるコピー（キャッチコピーや文章）は何か？　ビジュアルは何か？　リスクの「おもり」を取り除くコピーは何か？　ビジュアルは何か？　を思考し、これらを綿密に設計し出来上がった集合体ということになります。

2　異彩を放つセールスポイントを効果的に伝える「12のパーツ」とは

消費者心理を動かす「欲求」を喚起し「リスク」を取り除くパーツ

これまでつくってきた「異彩を放つキャッチコピー」は、消費者の「欲求」を動かすために重要な「おもり」となります。また、全体設計をするためのコンセプトとなります。本書でお伝えするレスポンスを取る広告、販促ツールは、全部で12のパーツから成り立っています。今まで行ってきたキャッチコピーをつくるプロセスは、パーツを準備することにもつながっていたのです。足らない部分は、取材したり、素材を集めたりして揃えて、広告、販促ツールのたたき台を制作します。このたたき台を元に、社内や外部のデザイナーに制作を依頼します。たたき台のつくり込みは、手書きでも充分です。

図表25は異彩を放つセールスポイントを伝える12のパーツを図にしたものです。それぞれのパーツの役割を説明していきますので、理解の上、たたき台をつくってみてください。

この12のパーツを用意すれば、難しいことを考えなくても、「欲求」を喚起し「リスク」を取り除く広告、販促ツールの要素ができ、さらに後の事例で各広告、販促ツールのレイアウトが理解できるようになっています。成果を上げる行動につなげる広告、販促ツールをスムーズに制作できるようになるので、是非とも広告、販促ツールを制作するチームにて共有してみてください。

まずは、12のパーツを理解しましょう。

①異彩を放つキャッチコピー

第3章でつくったキャッチコピーがこれに該当します。ターゲットの関心の枠に飛び込み、長期的な記憶に残るようなキャッチコピーとなっています。

ターゲットの欲求を大きく動かす突破役をつとめつつ、広告、販促ツールを制作していく上で、ブレてはいけないコンセプトの役割でもあります。

②異彩を放つキャッチコピーを補完するビジュアル

業績アップの要諦は、消費者の長期記憶にいかに滑り込ませるかが勝負となります。その際に重要になるのが、キャッチコピーを補完するビジュアルです。キャッチコピーの事例で紹介した「毎

【図表 25　異彩を放つセールスポイントを伝える 12 のパーツ】

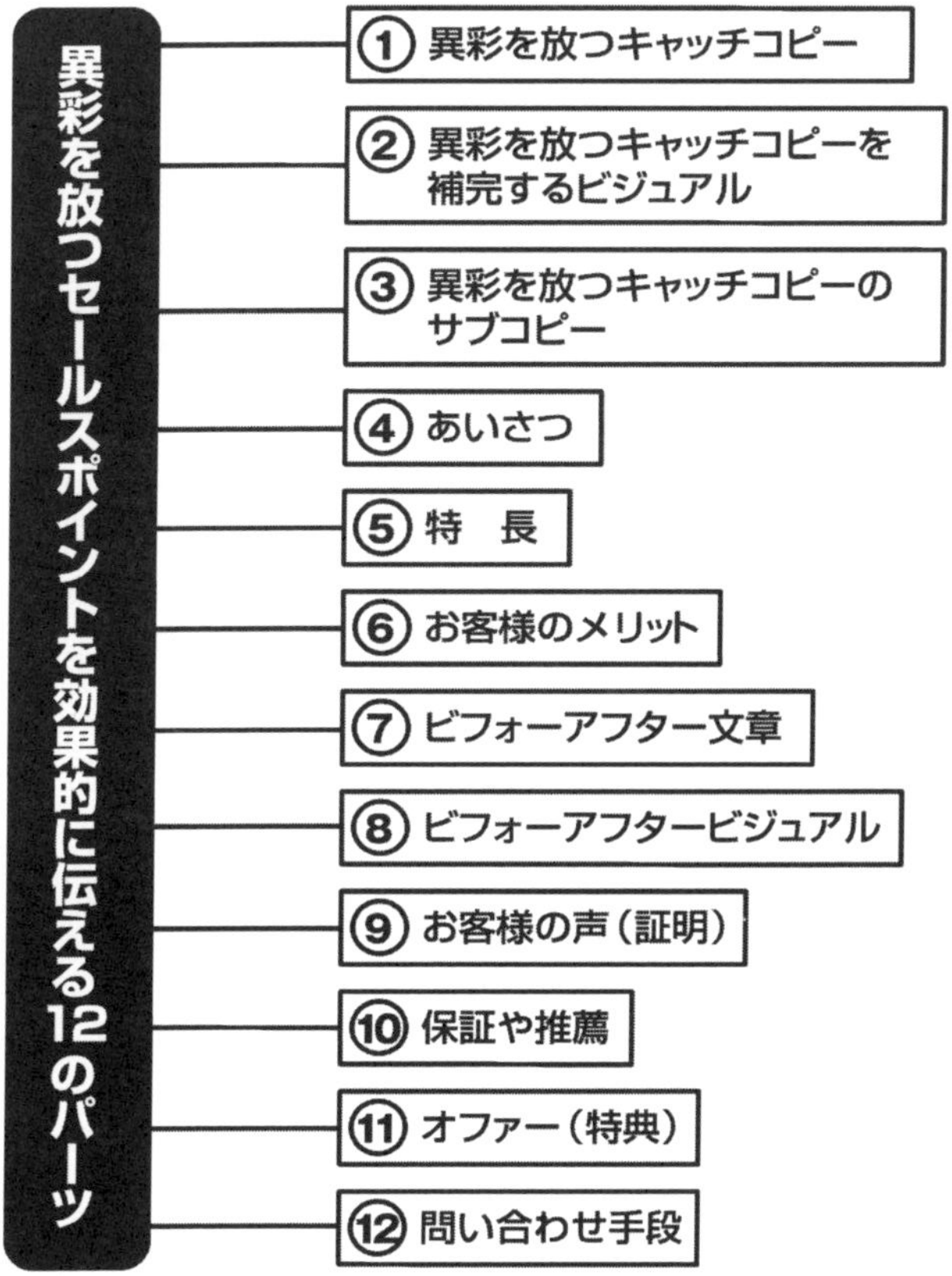
異彩を放つセールスポイントを効果的に伝える12のパーツ
① 異彩を放つキャッチコピー
② 異彩を放つキャッチコピーを補完するビジュアル
③ 異彩を放つキャッチコピーのサブコピー
④ あいさつ
⑤ 特　長
⑥ お客様のメリット
⑦ ビフォーアフター文章
⑧ ビフォーアフタービジュアル
⑨ お客様の声（証明）
⑩ 保証や推薦
⑪ オファー（特典）
⑫ 問い合わせ手段

日が森林浴」というキャッチコピーを補完するビジュアルが次ページの画像です。

つくり方のコツは、キャッチコピーのキーワードをグーグルで画像検索することです。例えば「森林浴」で画像検索するとたくさんの画像が出てきます。その中でキャッチコピーとイメージがあうものを参考にして撮影しました。

③異彩を放つキャッチコピーのサブコピー

異彩を放つキャッチコピーを補完する文章を配置します。

④あいさつ

主張する商品の関連者（社長、開発者、リーダーなど）のあいさつ文を掲載します。必要ない場合は割愛してもオーケーです。

⑤特長

第3章「ステップ2．商品の特長を書きだしてみる」（詳細は、96ページ）で書き出した、キャッチコピーには採用されなかった「特長」「ユニークさ」「独自性」「強み」をまとめて伝えます。

⑥お客様のメリット

第3章「ステップ3．特長を受け取ったお客様のメリットを書き出す」（詳細は、98ページ）で書き出した、キャッチコピーには採用されなかったメリットをまとめて伝えます。

⑦ビフォーアフター文章

主張したお客様メリットを手に入れるビフォーとアフターの説明をします。消費者はこの変化を手に入れたいものです。ビフォーがない場合はアフターのみでも有効です。

⑧ビフォーアフタービジュアル

主張したお客様のメリットを手に入れるビフォーとアフターのビジュアルを配置します。消費者はこの変化のイメージを記憶に残すものです。ビフォーがない場合はアフターのみでも有効です。

【図表26　異彩を放つキャッチコピーを補完するビジュアル】

⑨お客様の声（証明）

異彩を放つキャッチコピーで主張する内容を証明するようなお客様の声を用意します。

⑩保証や推薦

異彩を放つキャッチコピーで主張した裏づけになるような「保証」を打ち出したり、権威のある方々からの「推薦者」の声を用意します。

⑪オファー（特典）

次の行動を促すためのオファー（特典）を用意しておきます。

⑫問い合わせ手段

問い合わせ、注文手段を複数用意します。電話番号（フリーダイヤル）、メール、ウェブフォーム等複数を用意します。

12のパーツは以上となります。
①から⑧のパーツが「欲求のおもり」の役割を果たし、⑨から⑪が「リスクのおもり」を取り除く役割を果たしています。
①②で、「?‥?‥?」「何!?　どういうこと!?」と関心を持ってもらいます。
徐々に欲求を高めていくのですが、この時点で欲求の種が植えられることを目指すのが①②の役割です。その後、③から⑧で「へーっ、このあなたがおすすめしているこの商品はこうなのね～、あなたが商品開発に関わっているのね～、ふむふむ、特長とメリットは私にも役立ちそうだわ、実際に使う前と使った後はこうなのね～」までを担います。

ここまで来ると「でも…本当かしら?」という心理が起こります。そこで⑨⑩で「実際に使った人はこうなのね～」「この人がすすめてくれているのだったら、問題なさそうだわ」とリスクを取り除く役割を担います。

最後に、気持ちが揺れている状態から、一気に「ドスン」と販売の方向へ落とすのが⑪です。「こんな特典があるなら買ってみるわ」となります。

それぞれの事例は、次ページより紹介する各ツールを参考にしてください。また、商品情報はもちろんのこと、法的に書いておかなければならないといった基本情報は必要になりますので、忘れないでください。

3　チラシのレイアウト事例

使用者：アドルク
業種：美容室　ツール：折込チラシ　仕様：Ａ４カラー表裏２ページ
異彩を放つキャッチコピー：

どんなくせ毛でも　思い通りの髪型に変える

岐阜県土岐市にある美容室のチラシ事例です。土岐市は人口６万人弱の小さな市です。オーナーは地元の有力店から独立し、自分の店舗を持つことになりました。勤めていた際の顧客は、前店のオーナーの懇意で独立の際に案内を出してもよいと許可をいただいていました。

しかし、立ち上げていくには、当然のことながら顧客数が少なく、新規客を集めなければ経営が成り立ちません。そこで新規オープンの告知チラシを撒くことにしました。オーナースタイリストの技術の特長をヒアリングしたところ、くせ毛のお客様のカットが得意ということでした。

くせ毛の方の多くは、あきらめている髪形があるとのことだったので、この特長とお客様のメリットをつなげて、ストレートに主張したところ、順調に顧客開拓に成功しスムーズに経営が軌道に乗

【図表 27　チラシのレイアウト事例・表】

【図表 28　チラシのレイアウト事例・裏】

りました。

「12のパーツ」をチラシで活用するポイント

表面の①は、異彩を放つキャッチコピーを枠で目立たせて伝えています。

②は、オーナースタイリストが真剣にお客様に向かい合い、くせ毛を思い通りに変えている施術画像を配置しています。

表面中部分には、③でキャッチコピーを補完しながら裏面を読ませるために「秘密は？」という疑問形にしています。下部に④を配置し、どんな人物がこのお店をオープンさせたのかを明確に伝えて、信頼を獲得しています。中部分右側に⑫を配置しています。

裏面上部に表面のキャッチコピーを補完する③を読ませて、⑤と⑥が入り混じった特長とお客様メリットを伝えています。

裏面下部左部分には、⑨を配置し、その中に⑦の役割も果たすお客様の声も入れています。

⑧のビフォー部分は割愛していますが、アフターの写真をイメージできるようにしてあります。

下部右側部分に⑪を掲載し、行動につながるようにしてあります。

⑩のみ用意できなかったため、このチラシには含まれていません。

12のパーツは、できるだけ揃えて欲しいですが、無理はしなくても大丈夫です。

4　パンフレットのレイアウト事例

使用者：東邦食品株式会社
業種：給食　ツール：パンフレット　仕様：Ａ４カラー４ページ
異彩を放つキャッチコピー：

きらいなものがすきになるよ！　魔法のお給食

第1章の成功事例で紹介した会社（詳細は、40ページ）のパンフレット事例です。

前述したように幼稚園給食のブランドづくりとして、「異彩を放ち競合に勝つセールスポイント」を打ち出すプロジェクトを立てました。

クロスメディアで複数の広告、販促ツールを組み合わせて、市場で「異彩を放ち競合に勝つセールスポイント」を伝えていくのですが、その中の1つで重要なパンフレットのレイアウト事例を紹介します。

パンフレットは用途の広い販促ツールです。この場合は、興味を持ってもらったお客様に手渡しして、説明することを想定しています。

【図表 29　パンフレットのレイアウト事例・表面・裏面】

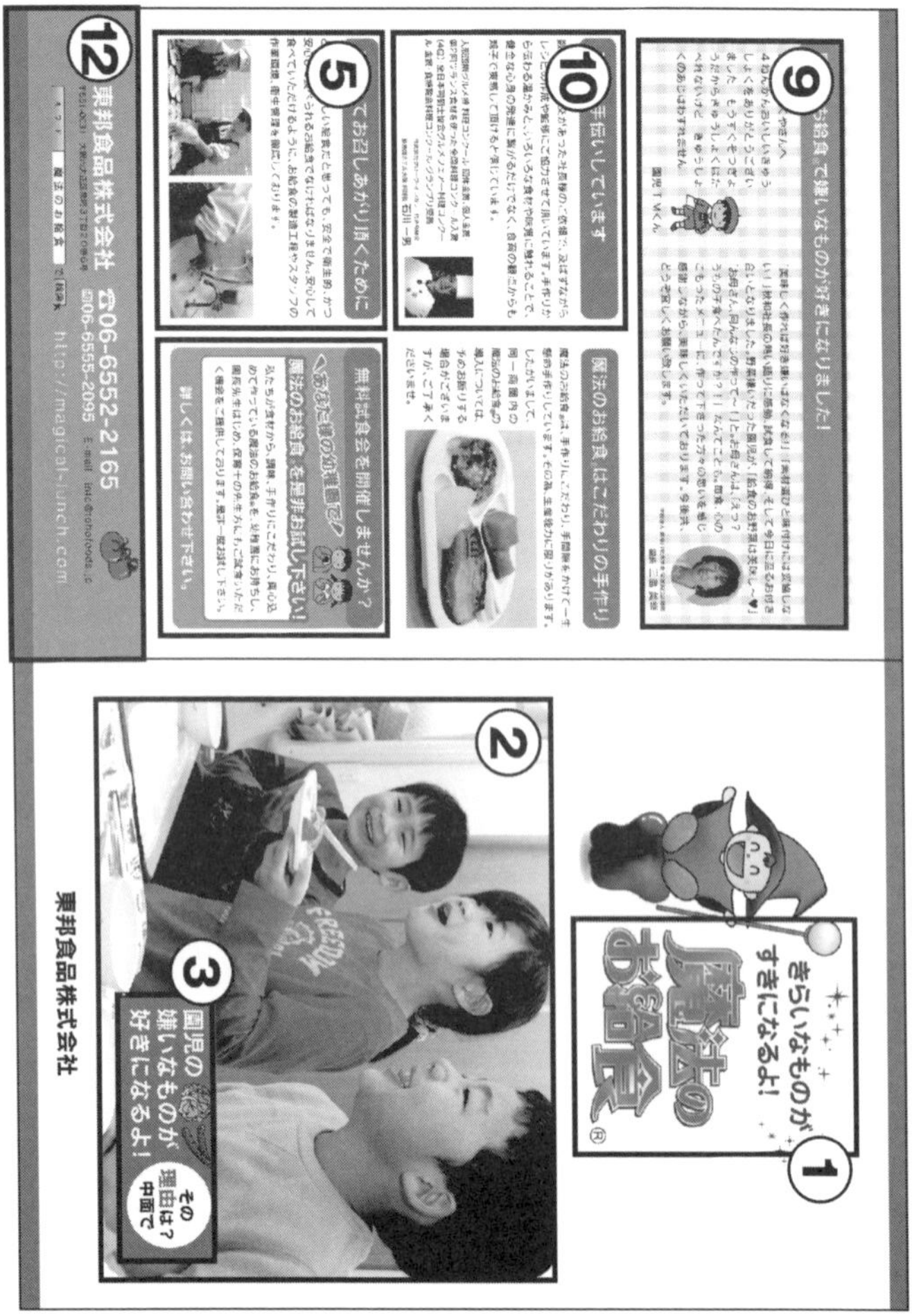

【図表 30　パンフレットのレイアウト事例・中面】

「12のパーツ」をパンフレットで活用するポイント

表面の①は、異彩を放つキャッチコピーをデザイナーにロゴマーク化してもらい、キャラクターとセットにして伝えています。

②は、①を補完するビジュアルで嫌いなものでも笑顔で食べている園児達を配置しています。

表面下段右部分には、③キャッチコピーを補完しながら裏面を読ませるために「理由は？」という疑問形にしています。

中面左上部に⑤を読ませた上で、⑧のビフォーアフターの内、アフターである「ご馳走様でした」をイメージできる写真を配置しています。その下に④で社長のあいさつを掲載しています。

中面右上部に③を配置して、下部に⑤の特長を列挙しています。さらに⑥である「家庭の温かみを感じるプレート」の説明をしています。

裏面上部には、⑨園児および園長先生の声を配置し、⑩著名ホテルにて料理長を務めていた知人の推薦文を頂戴しています。

最後に⑪の無料試食会を提示して、⑫問い合わせにつなげる導線設計にしてあります。

⑦のみ用意できなかったため、このパンフレットには含まれていません。

パンフレットは、もっとも基本的な広告、販促ツールとなります。一番最初につくることで12のパーツを整理し、他のツールへ展開することで効率よく制作することが可能となります。

5　DMのレイアウト事例

使用者：有限会社たつみ麺店
業種：製麺メーカー　ツール：DM　仕様：A4カラー4ページ
異彩を放つキャッチコピー：

200m手延麺だから　のどごし最高です。

愛知県安城市和泉地区にある製麺メーカーのDM事例です。

和泉麺は地方の特産品ブランドとして知名度は低いですが、この会社がつくっている麺はとてもおいしいと評判です。卸による流通は比較的少なく、少数生産をして消費者に直接DMを送って注文を取っているという珍しい形態を持っています。

そのため、売上、収益性アップの施策としてDMの改良を行いました。麺の特長に「手で延ばしてこねる」という特殊な行程があります。これがコアプロセスです。こねていくと長いもので200mを超えます。その特長を受け取ったお客様のメリットとして「のどごしが良い」という点を主張しました。

【図表 31　DMのレイアウト事例・表面・裏面】

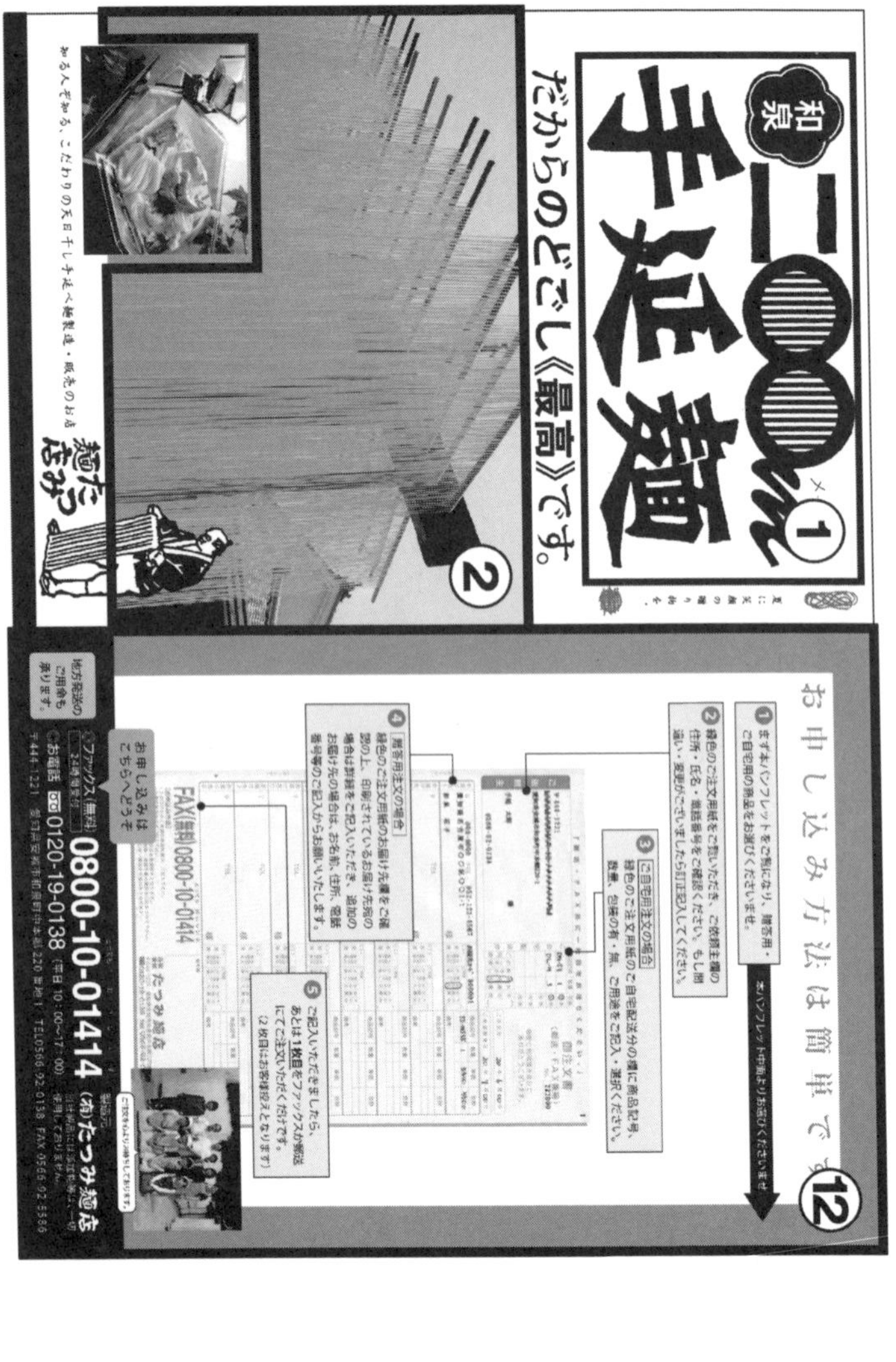

【図表 32　ＤＭのレイアウト事例・中面】

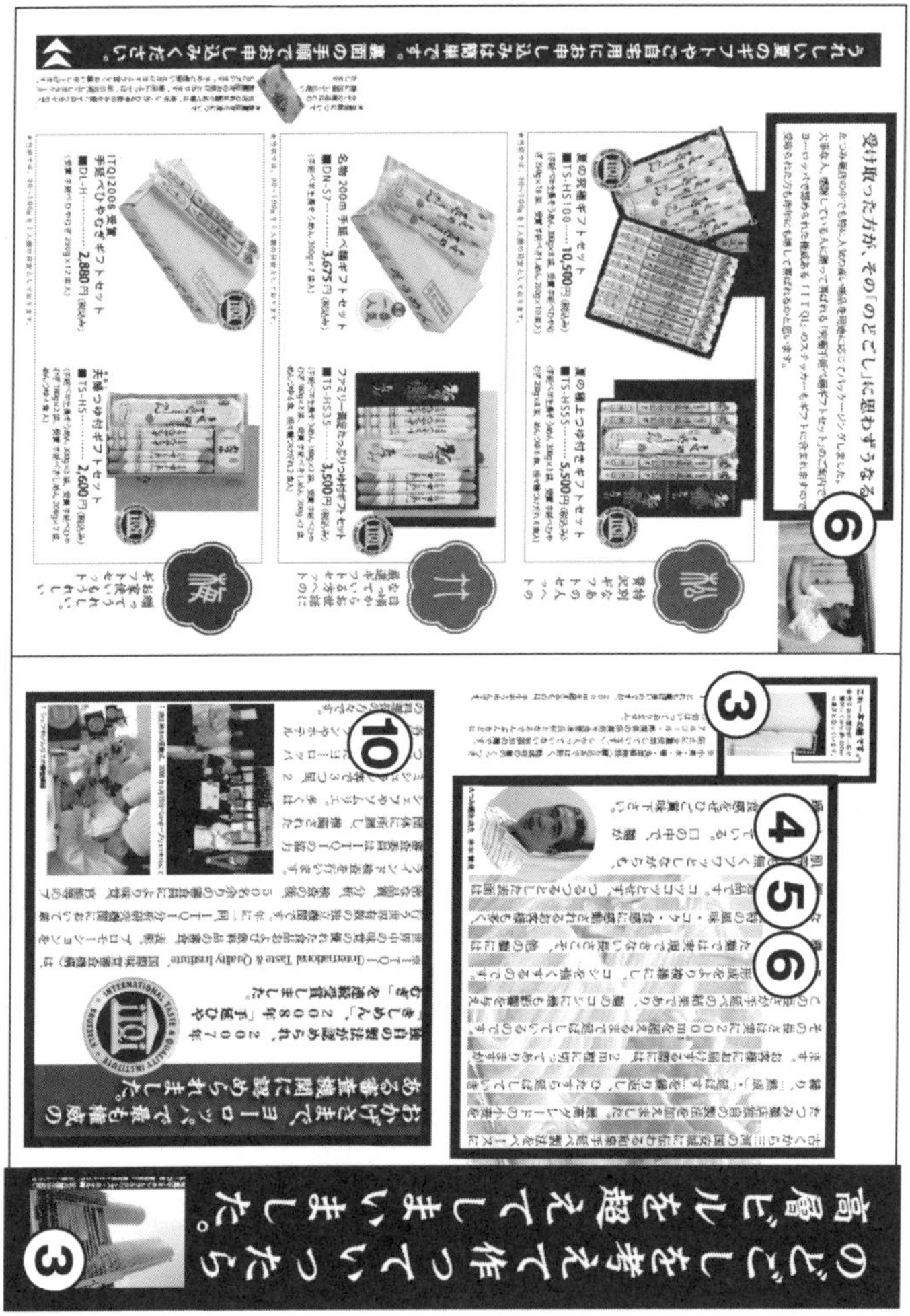

「12のパーツ」をDMで活用するポイント

表面の①は、異彩を放つキャッチコピーをデザイナーに依頼してロゴっぽく仕上げてもらいました。②は、200m手伸べ麺のイメージを配置しています。

中面右側の端に表面のキャッチコピーを補完する③を読ませて、④⑤⑥の役割を果たす文章と店主の顔写真を掲載しています。さらに表面のイメージを補完する③を載せています。

中面右側の下部には、⑩として権威のある賞を受賞したという内容を配置しています。

中面左側の上部には、⑥としてギフト需要の方に対してのお客様のメリットを掲載しています。下部には、商品のセット内容を松竹梅という単価ラインごとに掲載し、竹が売れやすいように配置しています。

裏面には、ターゲットが年配の方が多いのを考慮して、申し込み方法を詳しく書き、⑫問い合わせ注文ができるようにしています。⑨のお客様の声は、別途資料としてDMの郵送資料の中に同梱しています。⑦は、お客様の声の中に含まれています。⑧はこのDMセットには含まれていません。⑪のオファーも同梱資料の中に別添資料として含まれています。

DMの場合は同梱するセットで考えなければ、高いレスポンスを得られません。この事例を参考にしてください。

6　看板のレイアウト事例

使用者：株式会社いつき家
業種：リフォーム　ツール：看板
異彩を放つキャッチコピー：

10年間笑顔保証

三重県松阪市にあるリフォーム会社の看板事例です。

第2章のコアプロセス強化法でもお伝えした事例（詳細は、70ページ）です。点検というサービスを追加して「10年間笑顔保証」と主張しました。この主張を自社商圏にて効果的かつ効率的に認知させるために看板をかなり配置しています。看板は低価格にて主張を認知させるために効果的な手法です。

地方の市町村であれば、交通量の多い幹線道路に適切な位置に5本も設置すれば、数か月も経たない内に、多くのターゲットに「あの看板みたことある」と認知させることができるやり方です。レスポンス（反響）をとるやり方ではないので、あくまでも認知までですが、チラシなどでレスポンスを得るために圧倒的に有利になるやり方の1つです。

【図表 33　看板のレイアウト事例・横看板・縦看板】

【図表 34　看板設置エリア図】

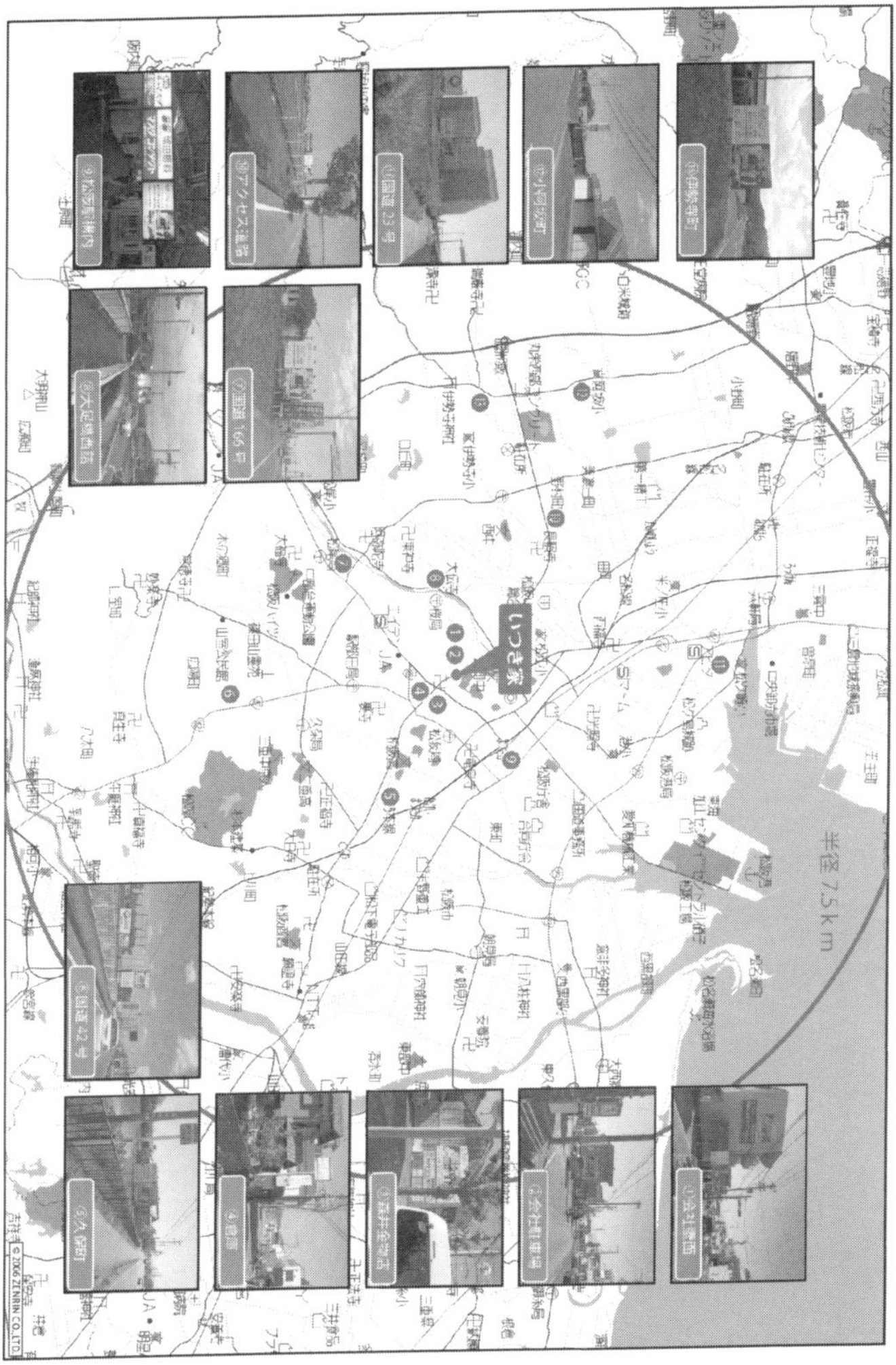

「12のパーツ」を看板で活用するポイント

看板には、パンフレットのように中面や裏面という概念がありません。車で走ったりして見るという特性上、多くの情報を伝えることはできません。

したがって、チラシやDMパンフレットのように12のパーツをフル動員することはまず無理です。代表的なパーツを使うに留めて、あくまでも「あの看板みたことある」という認知までの役割に徹するためのパーツを選びます。より認知が広がるために立てる場所も考慮し、渋滞ポイントを中心に立てています。

①は、異彩を放つキャッチコピーをデザイナーに依頼して仕上げてもらいました。遠くからでも認知しやすいような笑顔をモチーフにしたマークっぽく仕上げてあります。

看板は②がすごく大事です。なぜなら、車で走っている状態で認知させるには、写真のほうが有利だからです。特に人の顔は有効だというのがわかっています。②は、リフォームをしていただいた家族の笑顔写真とオーナーが一緒に移っている写真を使っています。このおかげで彼は松阪で有名人です（笑）。

右側下部には、③および⑧のアフター写真を配置しています。

左側部分に⑫を用意し、フリーダイヤルで電話をかけてもらうか、より詳しい情報を取ってもらい、問い合わせにつなげるためにホームページにも誘導しています。④⑤⑥⑦⑨⑩⑪は省略されています。

7　ポスターのレイアウト事例

使用者：ばらずしで丹後をつなぐ会
業種：地域振興　ツール：ポスター
異彩を放つキャッチコピー：

丹後通の、10人に9人が食べています。

京都府丹後市地域振興のポスター事例です。

私がキャッチコピーを担当し、ポスターデザインは株式会社アイデンティティブランディング様が制作しました。第3章でもお伝えした事例（詳細は、１２２ページ）でもあります。「丹後通が食べているので、失敗はしない」というリスク対策というお客様のメリットをストレートに主張しました。ポスターは、看板と同様にたくさんの情報を載せることはありません。

認知させるまでが主な役割のやり方となります。違いは、車で走っているのではなく、徒歩といった比較的ゆっくりのスピードで歩いている方がターゲットになることが多いです。店内に貼ることも多いです。例えば、トイレに貼っていたりして、関心を持ってもらい、詳細情報をホームページで検索してもらうという行動まで起こすことができればベストといえます。

【図表35　ポスターのレイアウト事例・上部】

【図表 36　ポスターのレイアウト事例・下部】

「12のパーツ」をポスターで活用するポイント

　ポスターも看板と同様で、パンフレットのように中面や裏面という概念がありません。車で走って見るよりは、徒歩などを対象にしているケースが多いです。看板と同様に多くの情報を伝えることはしません。

　したがって、チラシやDMパンフレットのように12のパーツをフル動員することはありません。代表的なパーツを使うに留めて、「よし、このお店で、このばらずしを頼んでみよう」とか、「あのばらずし、旅行中の最後の日のランチで食べてみよう！」、「おいしそうだな、検索して詳しく調べてみよう」という行動までの役割に徹することができればベストです。

　①を真ん中の少し上で目に付きやすい位置に配置します。全体のイメージが①を補完する丹後通の方が「ばらずし」を食しているイメージにしてあります。ポスターの場合はこのイメージの使い方が大変重要になり、好印象をもたらし行動につながっていきますので、プロを雇って撮影してもらうことをおすすめしています。

　右側下部には、③および⑤を説明しています。近くに歩いてきた人が読み込まれていくような文章に仕上げています。

　④⑥⑦⑧⑨⑩⑪は省略されています。

8　ホームページのレイアウト事例

使用者：株式会社エコビータ
業種：工務店　ツール：ホームページ
異彩を放つキャッチコピー：

わがまま200％聴きます　満足度200％の家

京都府舞鶴市にある工務店のホームページ事例です。

第３章でお伝えした事例（詳細は、110ページ）です。オーナーが一級建築士で徹底的にヒアリングするという特長を得た結果、お客様のメリットとして、思わぬ潜在ニーズが叶い、満足度が非常に高いということを主張しました。

ホームページは、たくさんの情報を掲載できるという特性があります。主な役割として、他のやり方であるチラシやＤＭ、看板できっかけをつくった上で、ホームページの詳細情報を閲覧し行動につなげるという役割を担います。トップページからの導線設計とコンテンツをいかに配置し詳細を読ませるかという工夫がポイントとなります。

【図表37　ホームページのレイアウト事例・トップページ】

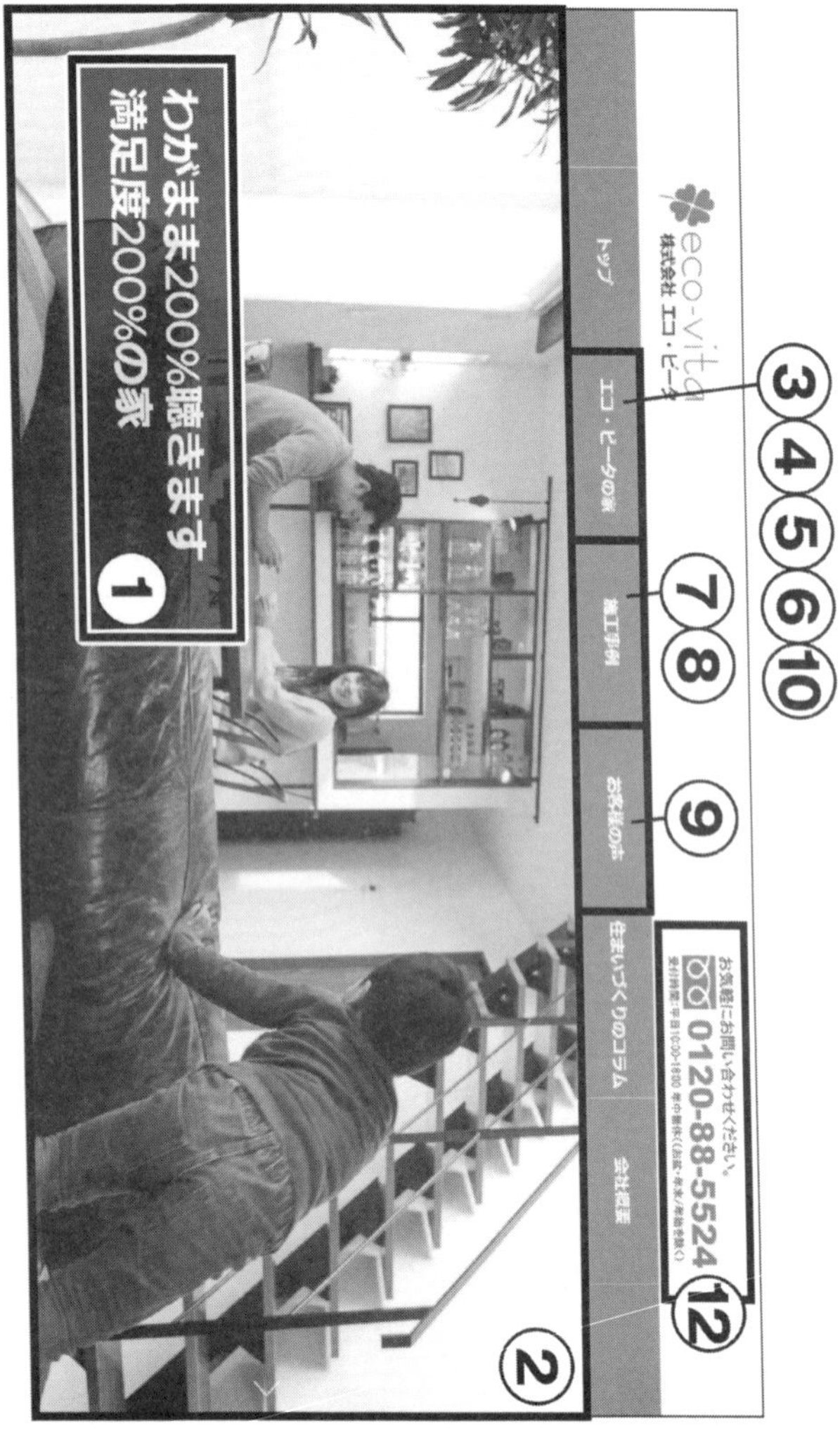

【図表 38　ホームページのレイアウト事例・コンセプトページ】

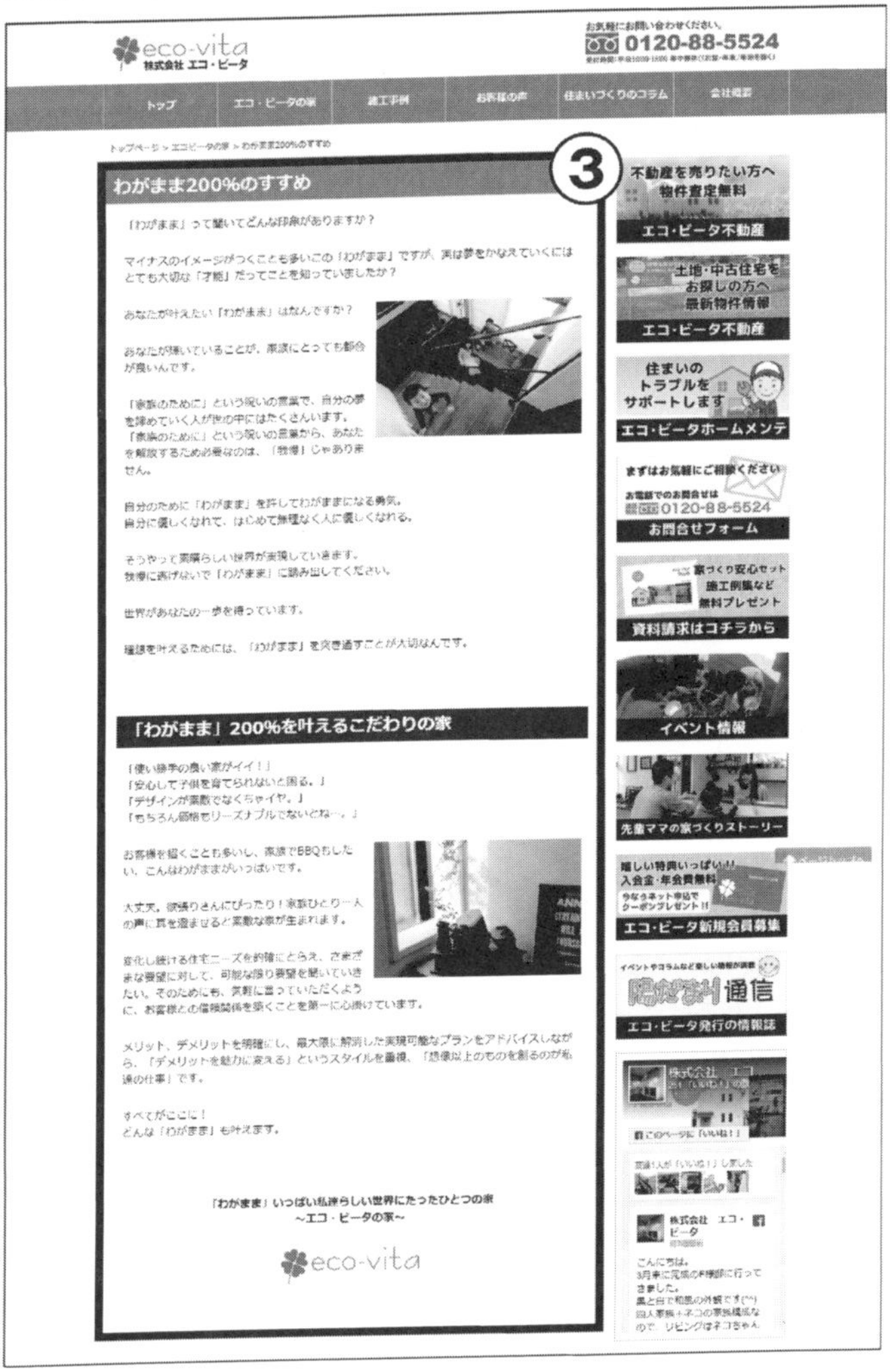

「12のパーツ」をホームページで活用するポイント

ホームページは、もっとも情報を掲載できるやり方です。

そうであるが故に、全体の設計およびポイントを読ませる工夫が重要です。検索の仕方によっては、トップページ以外のページから入ってくることも多いので、どこからでもトップに戻れるようにしておかなければなりません。

トップページには、①を目立つように配置して、ターゲットがはじめて検索して着地した際に「つかむ」ことができるようにすべきです。本書ではその役割を、異彩を放つキャッチコピーに任せます。

次に①を補完する②ですが、特に女性の場合は②から入ることが多いので、この写真選びも重要です。

ポスターと同様にプロにお願いしましょう。トップ右上でどのページに行っても問い合わせできるように⑫を配置しておきます。

トップ上部のボタンのことをグローバルナビゲーションと呼びます。ここにそれぞれの番号の役割を持ったコンテンツを格納しておきます。

特に重要なのは、①を読ませてから、③への導線です。

このコンセプト部分を読ませることがホームページで大変重要になってきますので、力を入れて制作するようにしてください。

9　ランディングページでのレイアウト事例

使用者：一般社団法人　日本スポーツ支援機構
業種：一般社団法人　ツール：ランディングページ
異彩を放つキャッチコピー：

毎回定員オーバーさせる　最強集客イベント

一般社団法人日本スポーツ支援機構のイベント集客用ランディングページ事例です。同団体は、広告代理店向けの集客イベントのコンテンツを提供しています。広告代理店は、支援するクライアント企業の販促でターゲットとなる親子を集めたいと考えています。このイベントコンテンツの特長は、「即興のアドバイスで子供の足が速くなる」ということです。このため多くの親子が参加する人気コンテンツになり、毎回定員オーバーをさせることに成功しているのです。

これをストレートに「毎回定員オーバーさせる」というお客様メリットを伝えたうえで、特長である「最強集客イベント」としてキャッチコピーにしています。このキャッチコピーを軸にランディングページでイベントの詳細を伝えて、多くの広告代理店から引合いを得ることに成功しています。

【図表 39　ランディングページのレイアウト事例・上部】

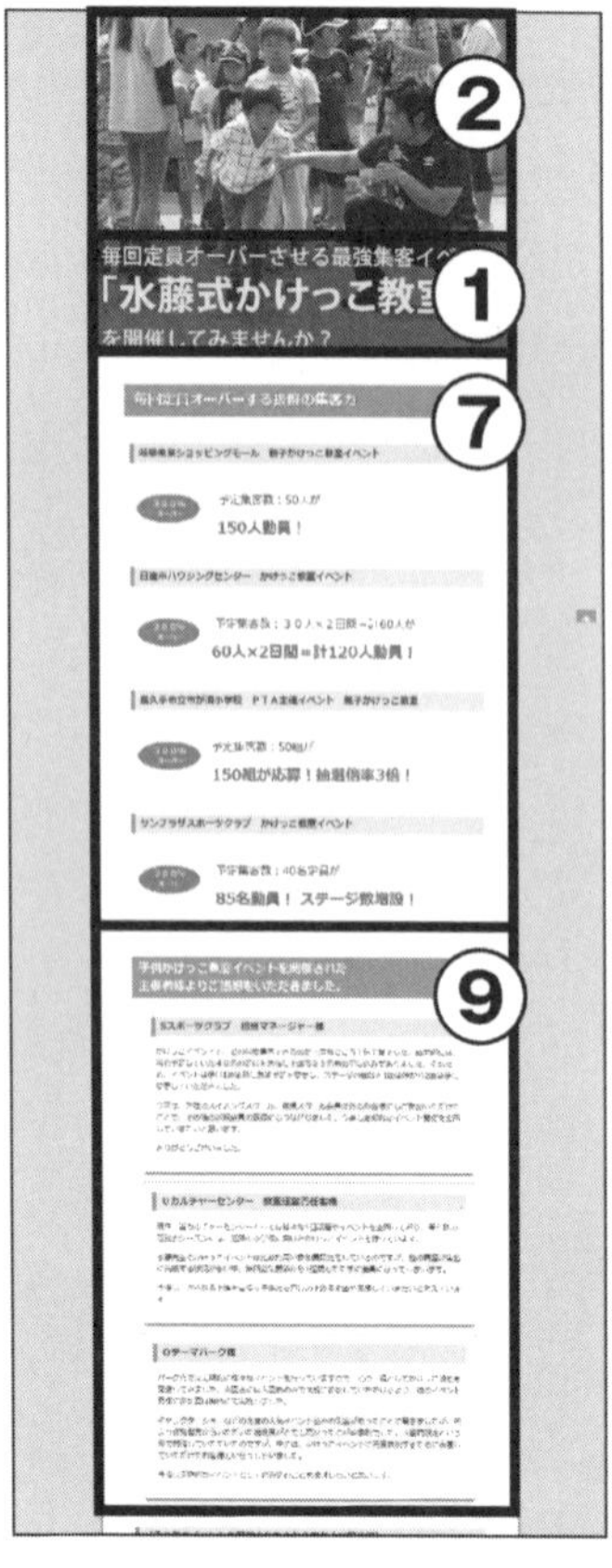

【図表 40　ランディングページのレイアウト事例・下部】

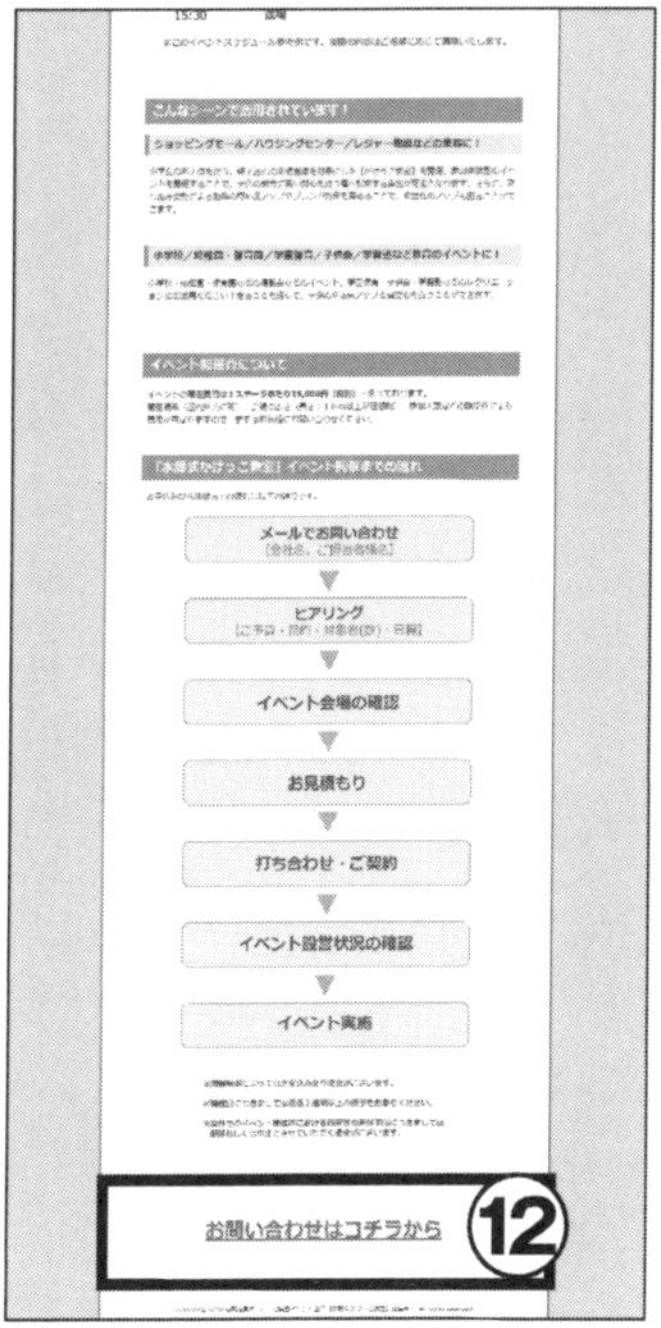

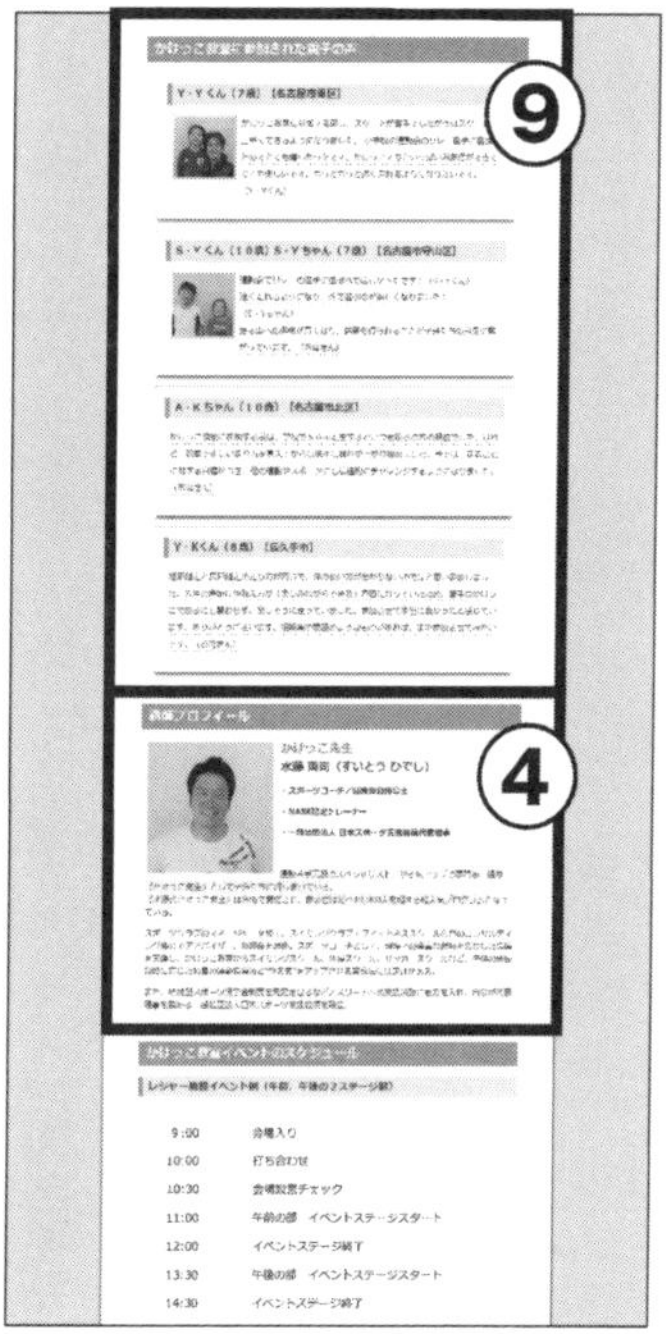

「12のパーツ」をランディングページで活用するポイント

ランディングページの特長は、読ませるコンテンツをコントロールできることにあります。通常ホームページやブログだと、ページを読んで、次にどこのコンテンツを読みに行くかは自由です。

ランディングページの場合は、上から下まで流れが決まっているので、最後まで読むか途中で離脱してしまうかのどちらかです。異彩を放つキャッチコピーを軸にして、ランディングページ上部に着地させてからは、一気に読み手の関心をつかみ、最後まで読ませて行動に移す設計をしなければなりません。

トップに①②を配置し、広告代理店の担当者が関心を持つようにします。その後、即⑦であるアフターの文章（過去のイベント集客実績）を列挙し、さらに興味を持ってもらいます。立て続けに⑨の広告代理店担当者様の声を並べます。

続いて⑩は、通常の保証ではありませんが、広告代理店にとっては、メジャーな会社との取引実績が広義でいうところの保証になるため、過去取引のあった著名団体との取引実績を並べています。

その次にはじめて、⑤⑥である特長とメリットを文章にて伝えています。⑨は、イベントに参加した子供達の声であり、このイベントがなぜ人気なのかの裏づけを伝えています。

最後に当日の講師の④および依頼する場合の流れや価格等を掲載して、⑫の問い合わせボタンを配置しています。

10　ＰＰＣ広告バナーのレイアウト

使用者：株式会社イワタ
業種：寝具メーカー　　ツール：ＰＰＣ広告
異彩を放つキャッチコピー：

四季を快眠する　オーダー寝具

京都市に本社を置く老舗寝具メーカー様ＰＰＣ広告事例です。

同社は、日本国内の工場にて手作り中心で1つひとつの寝具をつくっていくコアプロセスを持っています。その特長を「オーダー寝具」として、得られるお客様のメリットをこだわった天然素材をつかっていることから、「日本特有の湿度や寒さを克服し快適に眠ることができる」として、これをストレートに主張しています。

東京、名古屋、京都、神戸に直営店舗を出店して店舗販売を行っています。主な集客施策として、ウェブマーケティングによる来店動機を高めるためのＰＰＣ広告を行っています。

【図表41　ＰＰＣ広告（キーワード広告）の広告文事例】

③⑤⑥
説明文
世界に誇る清潔度、厳選された天然素材を使用。有名ホテルでも旅館でも採用されてます。

①
タイトル
四季を快眠するオーダー寝具

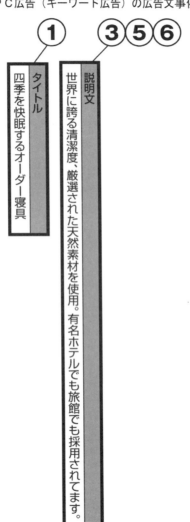

【図表 42　ＰＰＣ広告（バナー）のレイアウト事例】

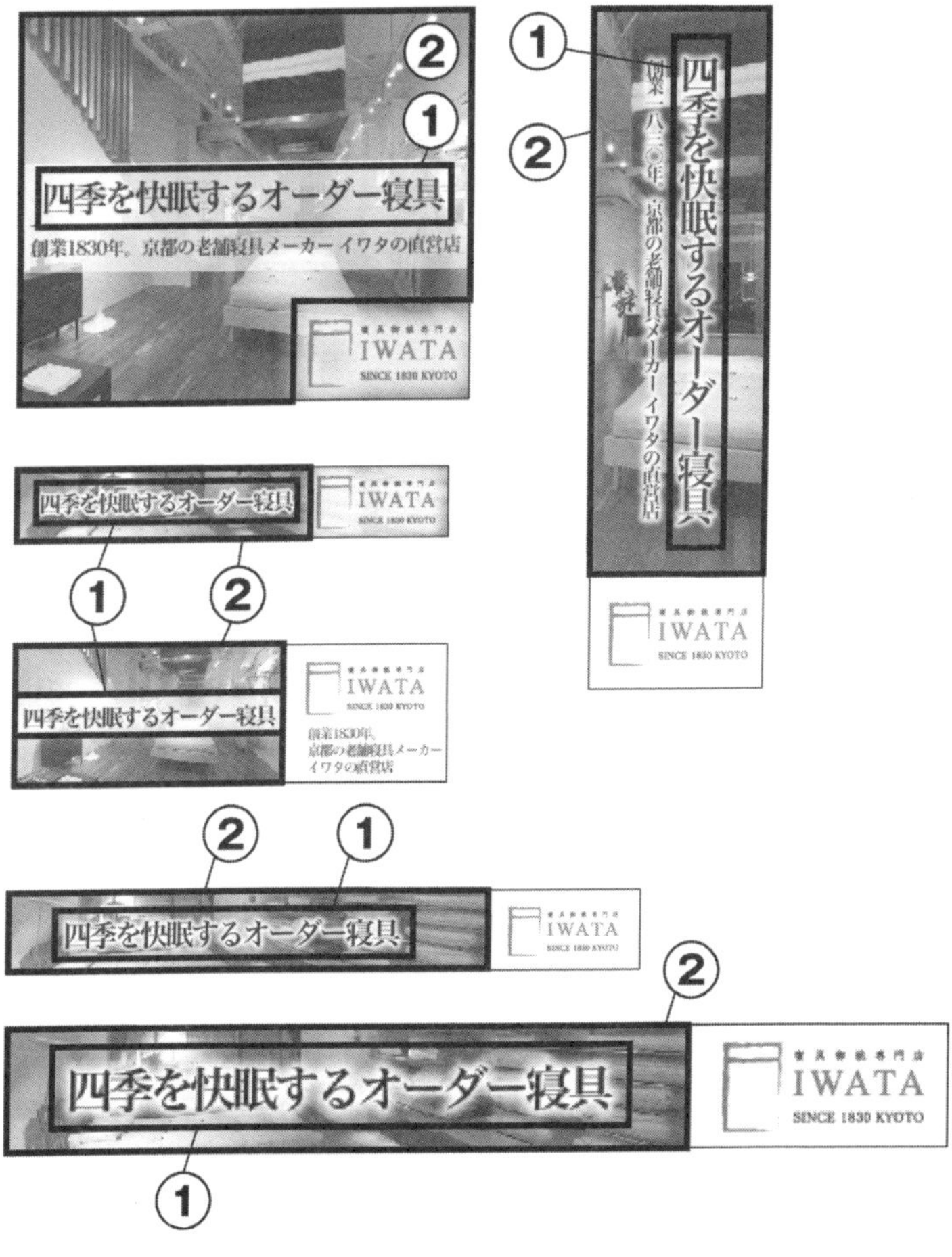

「12のパーツ」をPPC広告で活用するポイント

PPC広告は、バナーを配信する「ディスプレイ広告」タイプと検索結果に広告文を配信する「キーワード広告」タイプの2種類に大別されます。

バナーはシンプルで、①のキャッチコピーと②の補完するイメージがほぼすべてという形になります。

これらでクリック率や広告の品質（重要な指標）が決まってきますので、シンプルであるがゆえ、異彩を放つキャッチコピーの出来栄えがもっとも問われる広告手段となっています。

広告文もほぼ同様で、②がない分成果を上げるため（クリック率を上げる）詳細を伝えていく文の中に③⑤⑥を効果的に織り交ぜて文を作成しなければなりません。

また広告文は文字制限があるため、これらを効率的に伝える必要があります。バナーと同様にシンプルであるがゆえに、異彩を放つキャッチコピーの出来栄えがパフォーマンスに大きく影響を及ぼします。

広告がクリックされ、ホームページやランディングページに誘導ができたとしても、コンバージョン（最終的に購入につながる行動を捕捉する指標）が取れなければ意味がありません。

強い主張によってバナー広告や広告文がクリックされ、ホームページやランディングページに一貫性を持った主張が記述されていることが成果につながります。

11　動画の構成事例

使用者：株式会社アロー住建
業種：工務店　　ツール：動画15秒
異彩を放つキャッチコピー：

毎日が森林浴

茨城県筑西市に本社を置く工務店の動画事例です。

第３章でもお伝えした事例（詳細は、１２０ページ）です。動画の場合は、「毎日が森林浴」という主張を起承転結で伝えていきます。できあがった動画を市役所の待合室にあるモニターに流す広告であったり、ユーチューブにアップしたものをホームページに配置したり、お客様の勉強会開催時のオープニングで流すといったようにさまざまな形で展開することができます。

動画は、つくり込みによっては非常にパワフルに、お客様の記憶に主張を刷り込ませることができるやり方です。イメージ、ナレーション、音楽といった視覚、聴覚を刺激し主張を刷り込ませるように働きかける動画をつくりこむことが重要です。

【図表 43　動画の構成事例①】

（コピー&ナレーション）

① 毎日が森林浴　①

（コピー&ナレーション）

② 健康にこだわりぬいた私たちが建てます。　⑤

【図表44　動画の構成事例②】

（コピー&ナレーション）

③ 深呼吸したくなるさわやかな空気の家で家族が笑顔に　⑥⑦

（コピー&ナレーション）

④ アロー住建のイオンハウス

■テロップ　⑫

築西市藤ヶ谷1769-5

フリーダイヤル　0120-39-6785

アロー住建で検索

「12のパーツ」を動画で活用するポイント

この事例は、5つの写真と4つのコピー&ナレーションで構成されています。起承転結で構成され、起「毎日が森林浴」で①の異彩を放つキャッチコピーおよび、②の①を補完するビジュアルを出します。

続いて、承「健康にこだわりぬいた私達が建てます。」で、⑤である健康にこだわっているスタッフ達が会社で所有している農園にて収穫しているイメージを持ってきています。このビジュアルは④のあいさつも兼ねています。

続いて、転「深呼吸したくなるさわやかな空気の家で家族が笑顔に」で、⑥⑦⑧のお客様のメリットおよび住んだ後のイメージを伝えています。

最後に結「アロー住建のイオンハウス」で、⑫を配置しています。軽快なBGMと、イメージおよびナレーションをテンポよく流し、主張を演出しています。

動画は凝り出すと莫大な予算がかかります。

しかし、主張がしっかりとしていれば、短い動画でも充分成果を出すことが可能です。予算も少なくて済みます。

異彩を放つキャッチコピー（コンセプト）を軸にして構成を決めてください。

12　展示会のレイアウト事例

使用者：株式会社ダイトクコーポレーション
業種：印刷会社　ツール：展示会
異彩を放つキャッチコピー：

チラシの反響が撒く前にわかる

金沢市に本社を置く印刷会社の展示会事例です。
同社が、クライアント企業を獲得するための一環として東京ビックサイトで行われた「販促ＥＸＰＯ」に出店した際の事例です。展示会は、コツを覚えるとＢｔｏＢ（企業間取引）で大きな成果を出しやすいやり方です。

第３章のキャッチコピー事例（詳細は、１０９ページ）でも紹介した「チラシの反響が撒く前にわかる」という主張は、販促で悩んでいるターゲットには響く主張となっています。見事多くのターゲットを集めることに成功し、営業がフォローすることによって大きな売上を得ることになりました。その中には同社における売上Ｎｏ．１となった顧客を獲得しています。

【図表45　展示会のレイアウト事例】

【図表 46　展示会の様子】

株式会社ダイトク
コーポレーション
いる企業様におすすめ!!
なくてお悩みの方、必見!!
チラシの反響が
チラシの反響が撒く前にわかる!!

株式会社ダイトク
コーポレーション
撒く前にわかる!!
レスポンスアップに成功するチラシとは…
無料

「12のパーツ」を展示会で活用するポイント

展示会では、①を両サイドの上部に配置します。なぜなら、通行者が一番最初に目を向けるのが両サイド上部だからです。ここで注意を引き、興味を持ってもらってからはじめて、⑦⑧を配置した両サイド中段のビフォーアフター文章およびビジュアルを閲覧してもらえるのです。

さらに注意を引きやすくするために、ブースの外に①を書いたのぼりも用意しました。興味が高まった状態で③⑤⑥の集合体であるブース内部中段を読んでもらう設計になっています。

展示会のブース設営に関しては、②④⑨⑩⑪⑫はありません。しかし、④は当然のことながら、スタッフが行います。⑨は、資料としてスタッフが説明できるように用意しておきます。⑪は資料の中に同梱しておきます。⑫はスタッフが名刺交換をしてその後につなげるようにしてあります。

展示会でのレイアウト要諦は、お客様に注意を引き付け、興味を持ってもらった状態までを広告パーツで行います。お客様が足を止めて、顔と身体をスーッと近づけて①や⑦⑧を凝視し始めます。この状態がカメラでいうところのフォーカスをしている状態です。

このようにお客様に関心を持ってフォーカスしてもらえるようにしなければならないのです。その後、ブース内にいるスタッフにバトンタッチし、⑫までを人が行うという切り替えが重要です。

展示会のやり方詳細については、拙著「戦略的展示会出展法」をＡｍａｚｏｎにて購入できますので、よろしければそちらも合わせて参考にしてみてください。

第5章　異彩を放ち「競合に勝つ」USPマーケティング®

1　異彩を放つセールスポイントを市場に伝えていくにはどうすればよいのか

お金をかけずに最短でブランドをつくる方法

自社商品が、多くのターゲットに対して「○○だったら△△」という記憶の状態をつくることが、広告や販促の最終目標です。例えば、「カレーだったらＣｏＣｏ壱番」は、多くのターゲットにこの記憶の状態をつくることに成功しており、ブランドをつくるという観点では大成功しているといえるでしょう。

そのために大資本を投下するのではなく、できるだけ小資本で「○○だったら△△」をつくりやすくするための具体的な手法が、本書で述べてきたＨｏｗＴｏです。ターゲットの脳の検閲を突破し、関心の枠に入り記憶に粘るということが要諦です。そのために「異彩を放つセールスポイント」は大変重要なのです。

ブランドづくりについて本書で深めることはしませんが、異彩を放つセールスポイントづくりは、ブランドづくりのための重要な取組みだということを認識しておいてください。

なお、ブランド戦略についての詳細は、拙著「小さな会社がＮｏ．１になるコアブランド戦略」をお読みいただけると理解が深まるかと思います。できるだけお金をかけずにブランドをつくるＨｏｗＴｏが「異彩を放つセールスポイント」づくりなのです。

ブランドづくりに重要なのは一貫性

ブランドづくりは、まさに記憶のイス取り合戦のようなものです。

商品が氾濫する現在は、消費者の脳は常に満席状態です。そんな厳しい環境の中、自社商品の記憶を割り込み居座らせるために、異彩を放つセールスポイントを上手につくり、効率的に伝えていって欲しいのです。

異彩を放つセールスポイントを市場で伝えていくためには、重要な3つのグランドルールを改めて紹介すると、次のとおりとなります。

①競合が主張していない、手垢のついていない強い主張をする。
②競合には真似のできないコアプロセスを土台とした強い主張をする。
③その主張はパワフルであり、多くの消費者が自社商品を買わせるための行動をさせることに成功したら、一貫してあらゆる広告・販促に適応する。

ここまでに①②を説明してきました。この章で紹介するのは③です。異彩を放つセールスポイントを一貫してあらゆる広告、販促にて伝えていかなければなりません。それが「○○だったら△△」を効率的に生み出す方法です。繰り返しますが、消費者の脳は常に満席状態です。異彩を放っていない広告や販促かつ一貫性がなくバラバラの主張では、記憶のイス取り合戦は勝てないのです。

2 「リアル」「ネット」の合わせ技でなければ勝てない時代？

広告、販促は合戦である

前章では、さまざまな広告、販促ツールの個別事例を紹介させていただきました。いかがでしたでしょうか？ まずは自社のビジネスシーンに近い事例を参考にして、行動レベルに落としてもらえれば幸いです。これまでを基礎編だとしたら今回紹介するのは応用編です。更に効果を上げる広告、販促手法として紹介させていただきます。

戦国時代にあまり興味がない方でも合戦シーンぐらいは見たことがあると思います。そこで展開している兵を思い出して欲しいのです。鉄砲隊、騎馬隊、槍隊、弓隊、足軽隊などがあります。さまざまな兵隊がそれぞれの役割を担って、「戦場で勝利する」という目的を達成します。広告、販促も同様です。営業マンと組み合わせて成果を上げる業種もあるかと思います。

いずれにしても足軽隊だけでは勝てないし、それぞれの戦局に合わせてそれぞれの兵隊を組み合わせていくことが重要になります。このことを広告の世界では「クロスメディア」と呼んでいます。図表47がその概念を表しています。このように異彩を放つセールスポイントをさまざまな手法で伝えていきます。大きく分類すると「チラシ」や「ＤＭ」といったリアル系と「ホームページ」を中心としたネット系になります。これらを最適に組み合わせて成果を出していくのです。ここからは、

【図表47　クロスメディアのイメージ】

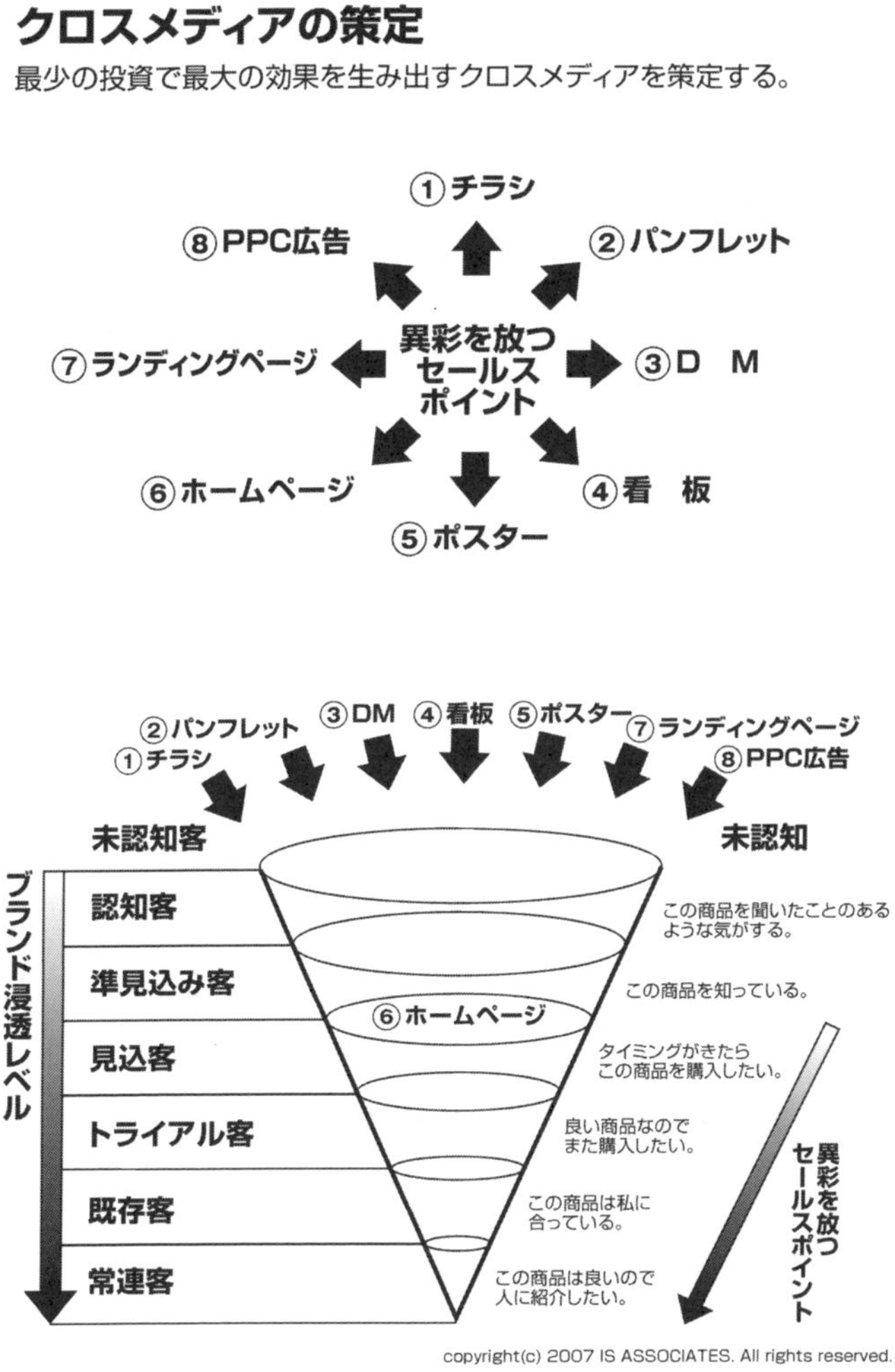

具体的な取組み事例を紹介していきます。

3　クロスメディア成功事例1

使用者：ユニオンビズ株式会社
業種：メーカー
ツール：チラシ、封筒、ステッカー、ＰＯＰ、ホームページ、サンプル送付キット、懸垂幕、ＦＡＸＤＭ他
主な成果：売上は10倍以上になり、日本でもトップクラスの人工芝ブランドへ成長
異彩を放つキャッチコピー：

日本一つぶれないから、ずーっとふわふわ

愛知県名古屋市にあるスポーツ関連の商品を取り扱うメーカー事例です。

競合は見た目のリアルさを主張していましたが、同社の人工芝は、見た目のリアルさは当たり前で、耐久性を主張しました。耐久テストの結果（当時同社における計測値）を特長として、そのお客様のメリットとしてストレートに主張しました。同社の場合は、ＢｔｏＢ（企業間取引）が中心ですが、ホームページからＢｔｏＣ（消費者間取引）の問合せもあるので対応しています。メーカーとしてＢｔｏＢの販促向けＰＯＰや懸垂幕等も用意しています。

【図表 48　クロスメディアの策定、チラシ、封筒、ステッカー事例】

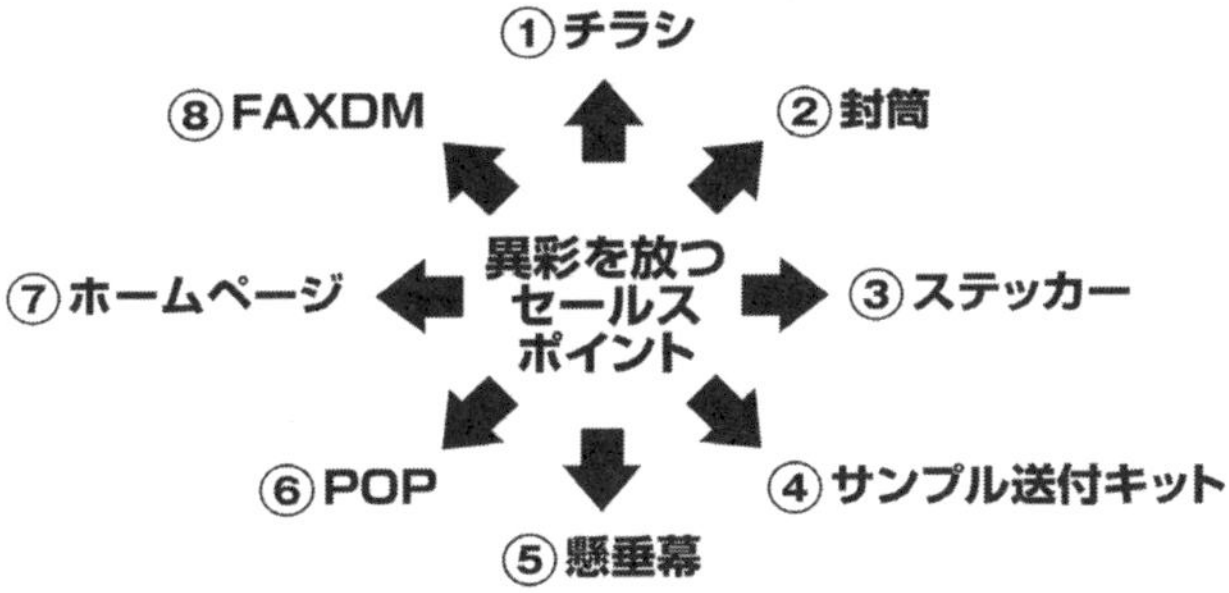

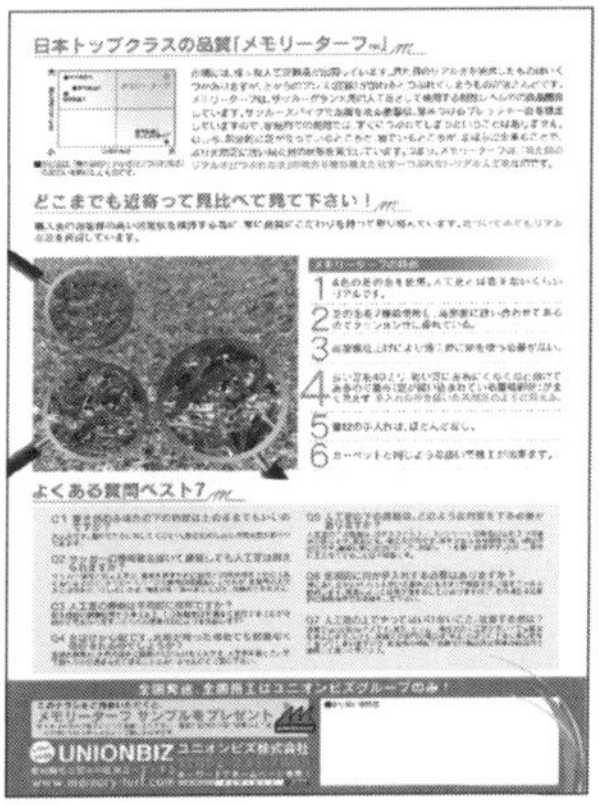

①チラシ裏

①チラシ表

③ステッカー

②封筒

【図表 49　サンプル送付キット、懸垂幕、ＰＯＰ等事例】

⑤懸垂幕

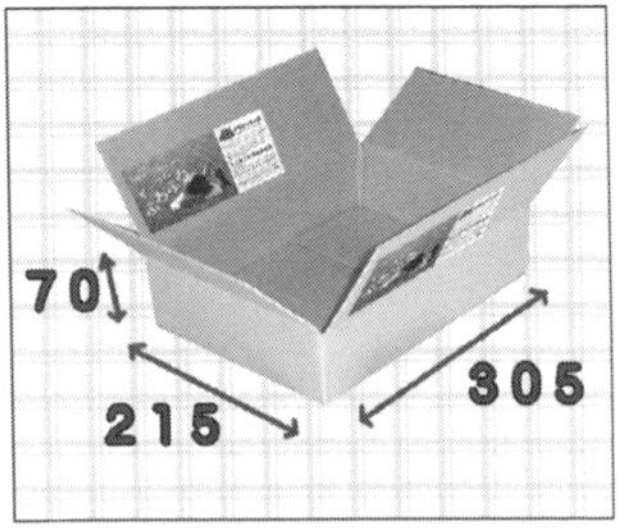

④サンプル送付キット

⑥POP

⑥POP

【図表 50　ホームページ、ＦＡＸＤＭ事例】

⑦ホームページ

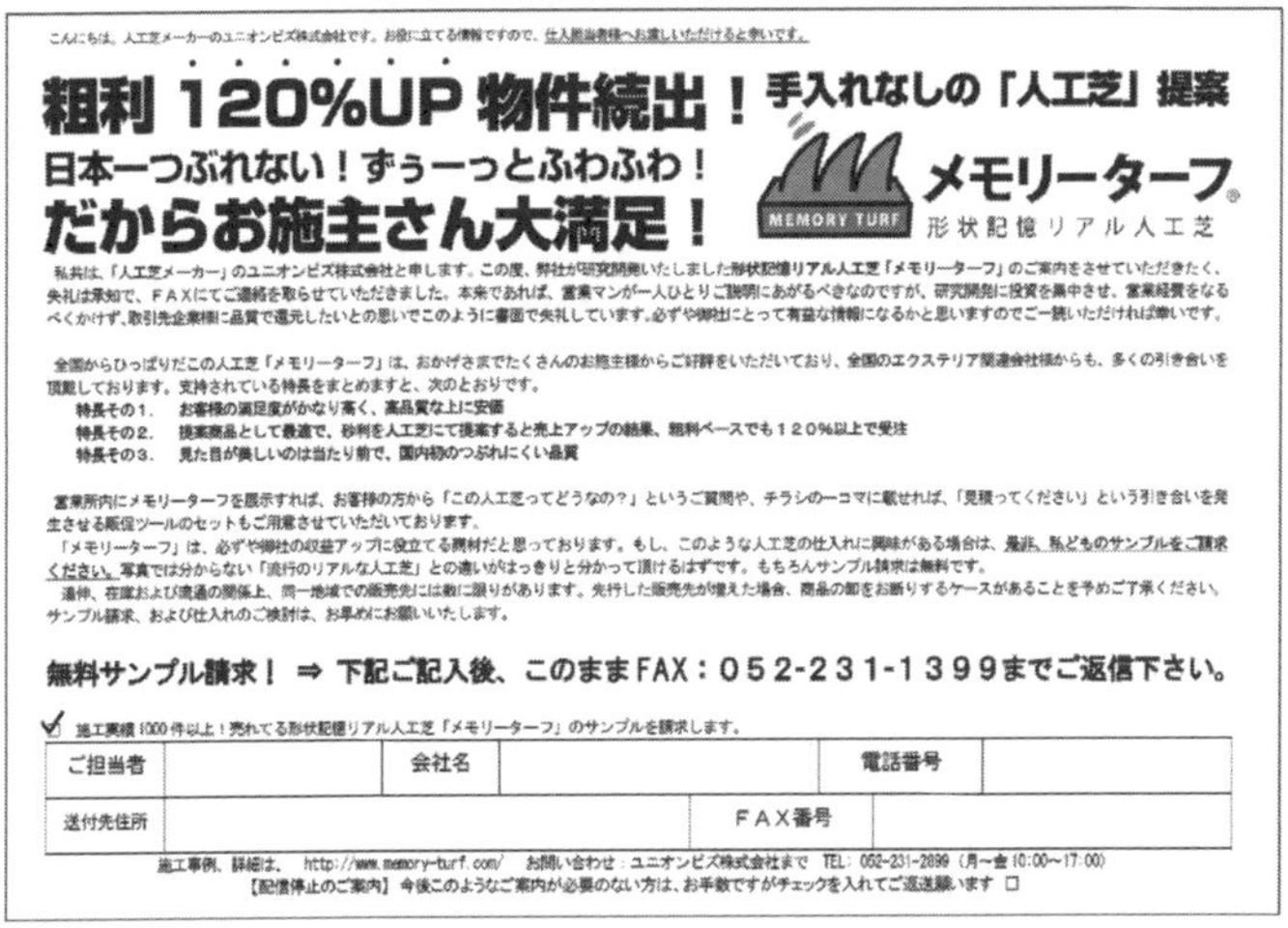

こんにちは、人工芝メーカーのユニオンビズ株式会社です。お役に立てる情報ですので、仕入担当者様へお渡しいただけると幸いです。

粗利 120％UP 物件続出！手入れなしの「人工芝」提案

日本一つぶれない！ずぅーっとふわふわ！
だからお施主さん大満足！

メモリーターフ®
MEMORY TURF
形状記憶リアル人工芝

私共は、「人工芝メーカー」のユニオンビズ株式会社と申します。この度、弊社が研究開発いたしました形状記憶リアル人工芝「メモリーターフ」のご案内をさせていただきたく、失礼は承知で、ＦＡＸにてご連絡を取らせていただきました。本来であれば、営業マンが一人ひとりご説明にあがるべきなのですが、研究開発に投資を集中させ、営業経費をなるべくかけず、取引先企業様に品質で還元したいとの思いでこのように書面で失礼しています。必ずや御社にとって有益な情報になるかと思いますのでご一読いただければ幸いです。

全国からひっぱりだこの人工芝「メモリーターフ」は、おかげさまでたくさんのお施主様からご好評をいただいており、全国のエクステリア関連会社様からも、多くの引き合いを頂戴しております。支持されている特長をまとめますと、次のとおりです。

特長その１．　お客様の満足度がかなり高く、高品質な上に安価
特長その２．　提案商品として最適で、砂利を人工芝にて提案すると売上アップの結果、粗利ベースでも１２０％以上で受注
特長その３．　見た目が美しいのは当たり前で、国内初のつぶれにくい品質

営業所内にメモリーターフを展示すれば、お客様の方から「この人工芝ってどうなの？」というご質問や、チラシの一コマに載せれば、「見積ってください」という引き合いを発生させる販促ツールのセットもご用意させていただいております。
「メモリーターフ」は、必ずや御社の収益アップに役立てる商材だと思っております。もし、このような人工芝の仕入れに興味がある場合は、是非、私どものサンプルをご請求ください。写真では分からない「流行のリアルな人工芝」との違いがはっきりと分かって頂けるはずです。もちろんサンプル請求は無料です。
追伸、在庫および流通の関係上、同一地域での販売先には数に限りがあります。先行した販売先が増えた場合、商品の卸をお断りするケースがあることを予めご了承ください。サンプル請求、および仕入れのご検討は、お早めにお願いいたします。

無料サンプル請求！ ⇒ 下記ご記入後、このままFAX：052-231-1399までご返信下さい。

☑ 施工実績1000件以上！売れてる形状記憶リアル人工芝「メモリーターフ」のサンプルを請求します。

ご担当者		会社名		電話番号	
送付先住所		ＦＡＸ番号			

施工事例、詳細は、　http://www.memory-turf.com/　お問い合わせ：ユニオンビズ株式会社まで　TEL：052-231-2899（月～金 10:00～17:00）
【配信停止のご案内】今後このようなご案内が必要のない方は、お手数ですがチェックを入れてご返送願います □

⑧FAXDM

4　クロスメディア成功事例2

使用者：株式会社服部樹脂
業種：プラスチック鉢メーカー　ツール：展示会、雑誌広告、ＦＡＸＤＭ
主な成果：新規事業立ち上げ時わずかだった売上が、74倍以上に成長中
異彩を放つキャッチコピー：

仕入は100円ショップ以下　売り値は相場より20％以上

岐阜市にあるプラスチック鉢メーカーの事例です。

同社の新規事業としてオリジナルブランドの立ち上げを行いました。商品のブランド力が弱く、1年目は中々売上が伸びていかなかったため、異彩を放つセールスポイントを卸し先にプロモーションしていきました。特長であるデザイン性が他メーカーのプラスチック鉢にはなかったため高価に見え、園芸店等で寄せ植えをして販売すると高値でも売れた事実がありました。

そのお客様のメリットを、卸し先を開拓する展示会やダイレクトにプロモーションするＦＡＸＤＭ、園芸店等が愛読している雑誌広告に展開していきました。

【図表 51　クロスメイディアの策定、ＦＡＸＤＭ事例】

クロスメディアの策定

最少の投資で最大の効果を生み出すクロスメディアを策定する。

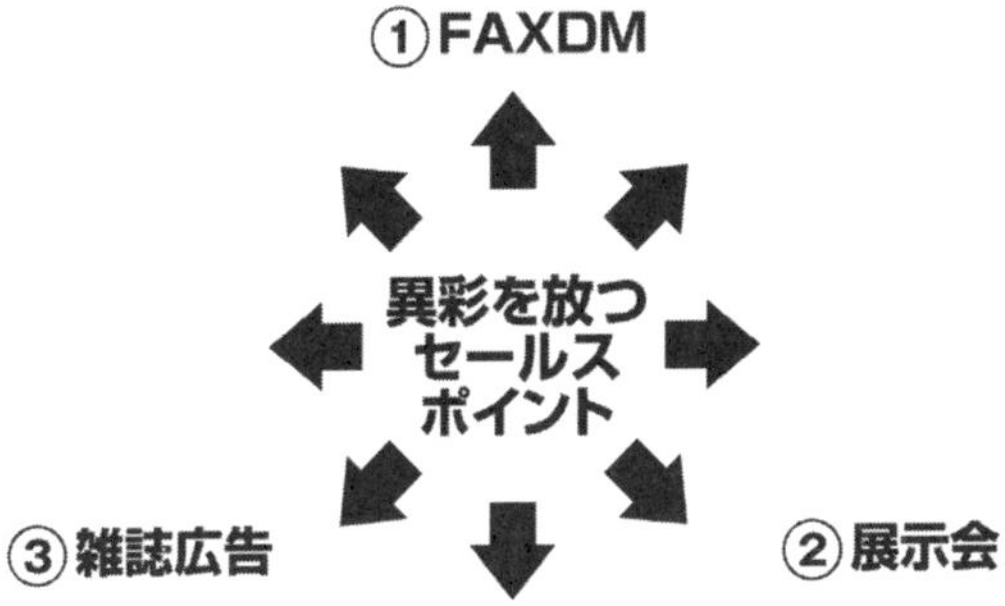

こんにちは。プラスチック鉢メーカーの服部樹脂です。お得な情報ですので、鉢の仕入担当者様へお渡しいただけると幸いです。

仕入れは100円ショップ以下！

売値は相場以上！

期間限定！
サンプルをご請求いただいた方にはもれなく、
１００万個以上を販売しているメーカー
だからこそわかる販売に役立つ無料レポート
『どんな鉢を仕入れたら花は売れるの？』
をプレゼントいたします。
※3月末日まで

この価格で、このデザイン、この質感！
お花を相場より20%以上アップで売れる鉢

全国でご活躍されている園芸店様のお役に立てるのではと思いまして、このような案内を書いております。私は、岐阜地区にあります「プラスチック鉢メーカー」の販売担当服部と申します。この度、弊社が研究開発いたしましたプラスチック鉢は、１００円均一以下の仕入れであるのにも関らず、売場で相場よりも高く売れると好評なのです。
その理由を挙げますと、次のような特長があるからだということがわかっております。

特長その１．デザイン　美濃の著名な陶芸家に依頼した独特の風合いを持つ表面デザインです。シンプルモダンな形状は、室内に置いた時のインテリアとマッチします。
特長その２．品質　原材料の調達から生産までの全てが、メイド・イン・ジャパンです。
特長その３．価格　直販によって中間マージンを省き、安く仕入れて高く売ることができます。

この他にもいくつかございますが、まとめると大体このような内容になります。
もし、「今仕入れの鉢に少し不満がある」、「仕入先の一つとして検討したい」など、少しでも興味がおありでしたら、是非私どものサンプル&カタログをご請求ください。手元においても損はさせません。ご請求いただいたからといって、即取引をしていただかなくても全然構いません。サンプルやカタログをお手元においていただけるだけで私たちはうれしいのです。もちろんサンプルは無料です。

無料サンプル請求！ ⇒ 下記ご記入後、このままFAX:０５８１－２７－３５６６までご返送下さい。

✓ 全国で１５２万個以上も売れている植木鉢のサンプル&カタログを請求します。

ご担当者		会社名		電話番号	
送付先住所	〒		FAX番号		

こちらのHPでもご覧になれます。　http://www.uekibati.net/　お問い合わせ：株式会社服部樹脂　担当：服部まで　TEL：0581-27-2811（月～金 10:00～17:00）
【配信停止のご案内】今後このようなご案内が必要のない方は、お手数ですがチェックを入れてご返送願います □

①FAXDM

【図表52　展示会事例】

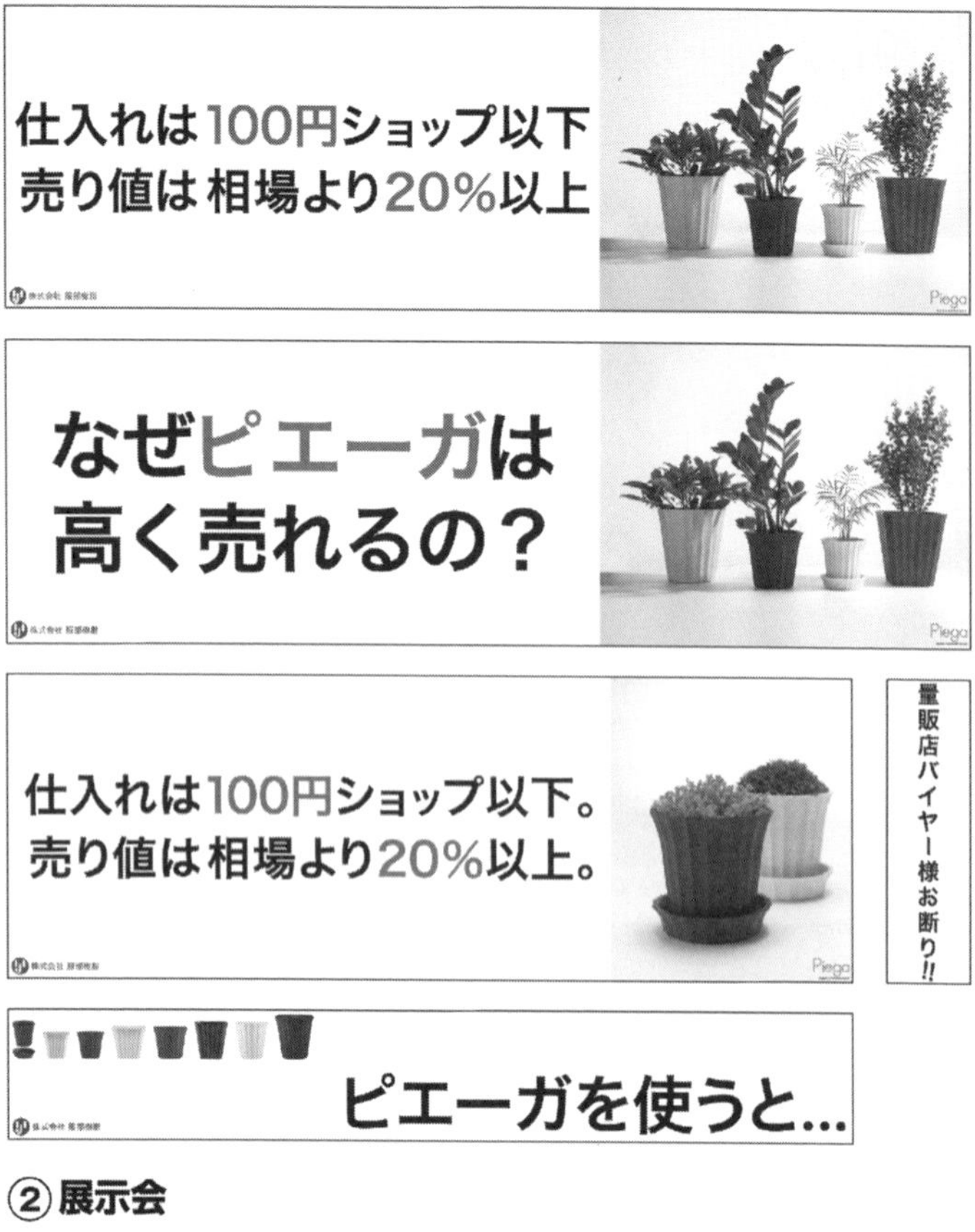

②展示会

【図表 53　雑誌広告事例】

PlanTool

information

仕入れは
100円ショップ以下!
売値は相場以上!

この価格で、このデザイン、この質感
相場より20%以上アップで
お花を売ることができる鉢

Piega

90円／一鉢
※受皿付き

ブラック　オフホワイト　こげ茶

なぜ、152万個以上も売れているのか?

↓

特長その1　デザイン
著名な陶芸家に依頼した独特の風合いを持つ表面デザイン
シンプルモダンな形は室内に置いた時のインテリアとマッチ

特長その2　品質
原材料の調達から生産まで全てメイド・イン・ジャパン

特長その3　価格
直販によって中間マージンをカット。安く仕入れて高く売れる

【植物デザイン読者様・花のプロの方限定特典】
今、無料サンプルをご請求いただいた方に限り、30%OFFで購入できるクーポンプレゼント！　カタログ&無料サンプルのご請求は下記まで。メールまたはFAXでお願いします。
（会社名／担当者名／住所／TEL&FAX番号をご明記の上、「無料サンプル希望」とご記入下さい）

FAX　0581-27-3566
E-MAIL　info@uekibati.net
ホームページ　http://www.uekibati.net
TEL　0581-27-2811
株式会社服部製陶　〒501-2111岐阜県山県市…75

二段重ねのデザイン。大きさにバリエーションがあるため、このように重ねることが可能。どのように組み合わせるか想像が広がり、楽しい
使用花材／カリブラコアティフォシー、シュガーバイン

shop info

VERY FLOWER
～ Classic Design ～
○春日井店
愛知県春日井市…2136
tel 0568-35-5505
○日進竹ノ山店
愛知県日進市岩崎町竹ノ山37-175
tel 0561-75-5645
2店舗共に洋食屋マ・メゾンに隣接

古橋くみ子
VERY PLUS ONE株式会社代表。園芸店などでの園芸講師のほか数多くの雑誌、テレビ、ラジオに出演するなど、幅広い活動を展開している。

ブログ展開中！
古橋くみ子の Happy Garden ♪　http://blog.goo.ne.jp/officekumiko

037

③雑誌広告

5　クロスメディア成功事例3

使用者：東邦食品株式会社
業種：給食　ツール：パンフレット、名刺、封筒、配送車ステッカー、看板、DM、ランチプレート
主な成果：業者の変更が厳しい業界なのにも関わらず毎年顧客数が3割アップ
異彩を放つキャッチコピー：

きらいなものがすきになるよ！　魔法のお給食

大阪市大正区にある給食配給会社の事例です。第1章で企業の背景を説明（詳細は、40ページ）、第2章にてコアプロセスの強化法でも具体的な取組み（詳細は、81ページ）、第4章にてパンフレットのレイアウト事例（詳細は、139ページ）、この章でクロスメディアのやり方を紹介しています。一連の流れで同社がどのように取組んで、どういう成果が出たのかを理解していただければ幸いです。同社のクロスメディアは、BtoBが中心となり、BtoCからの口コミも考慮しての取り組みになります。名刺、封筒、車、看板、さらには子供やお母さんにも異彩を放つセールスポイントが伝わるように仕掛けたお皿にも注目してみてください。すべての顧客関連への接点にて異彩を放つキャッチコピーにて主張しています。

【図表 54　クロスメディアの策定、パンフレット事例】

クロスメディアの策定

最少の投資で最大の効果を生み出すクロスメディアを策定する。

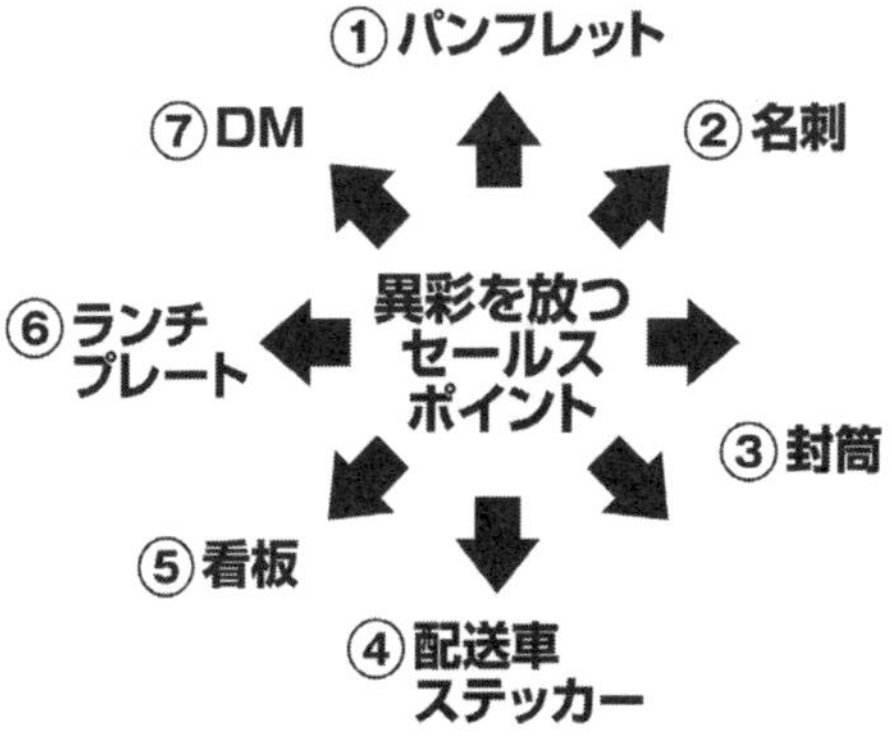

①パンフレット

【図表 55　車、ＤＭ事例】

③封筒

②名刺

④配送車ステッカー

⑤看板

【図表56　ランチプレート、ＤＭ事例】

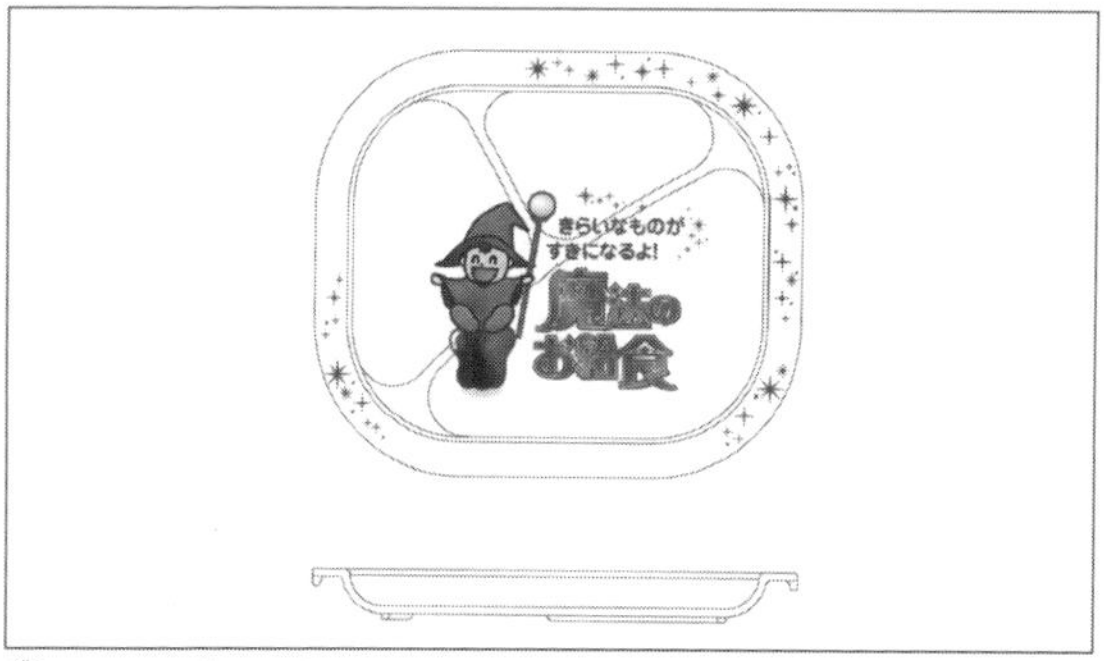

⑥ランチプレート

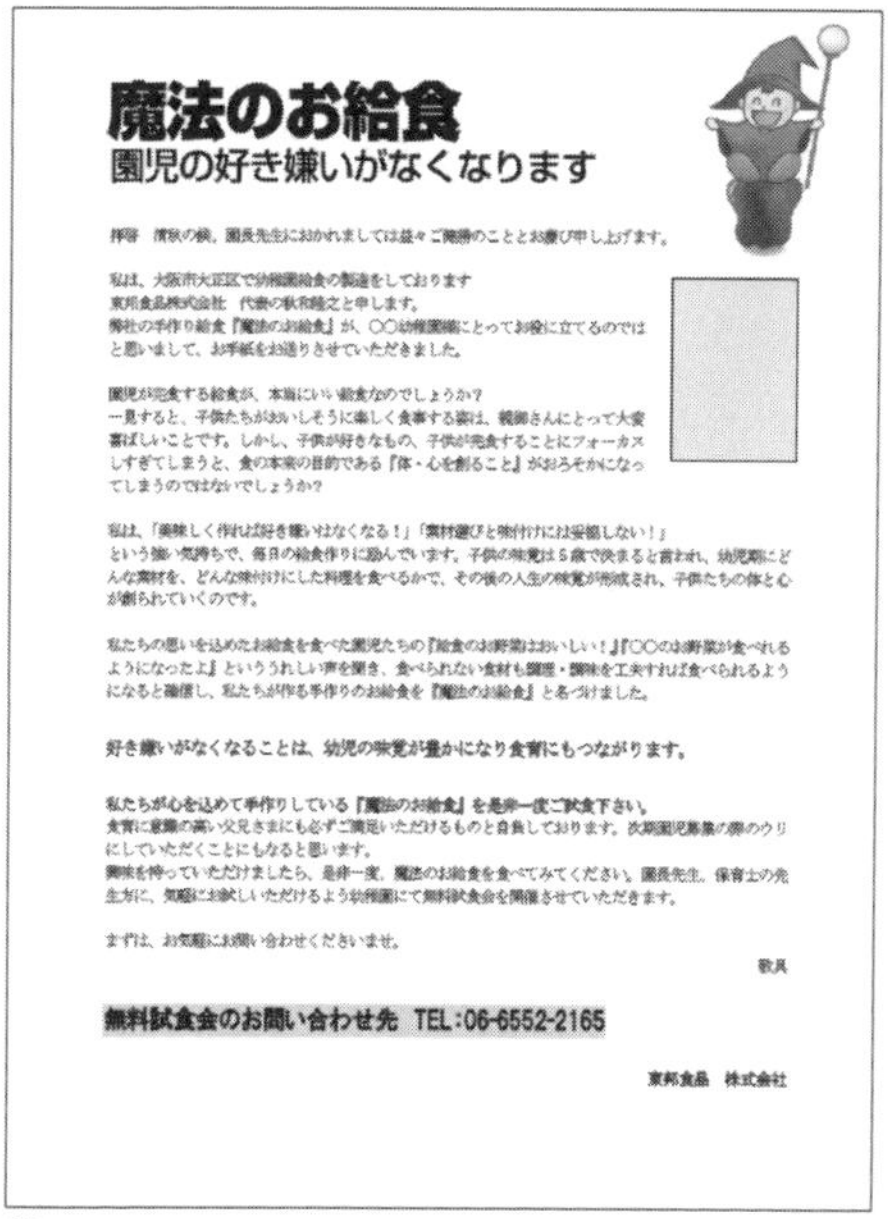

魔法のお給食
園児の好き嫌いがなくなります

拝啓　清秋の候、園長先生におかれましては益々ご隆勝のこととお慶び申し上げます。

私は、大阪市大正区で幼稚園給食の製造をしております
東邦食品株式会社　代表の秋和隆之と申します。
弊社の手作り給食『魔法のお給食』が、○○幼稚園様にとってお役に立てるのではと思いまして、お手紙をお送りさせていただきました。

園児が完食する給食が、本当にいい給食なのでしょうか？
一見すると、子供たちがおいしそうに楽しく食事する姿は、親御さんにとって大変喜ばしいことです。しかし、子供が好きなもの、子供が完食することにフォーカスしすぎてしまうと、食の本来の目的である『体・心を創ること』がおろそかになってしまうのではないでしょうか？

私は、「美味しく作れば好き嫌いはなくなる！」「素材選びと味付けには妥協しない！」という強い気持ちで、毎日の給食作りに励んでいます。子供の味覚は５歳で決まると言われ、幼児期にどんな素材を、どんな味付けにした料理を食べるかで、その後の人生の味覚が形成され、子供たちの体と心が創られていくのです。

私たちの思いを込めたお給食を食べた園児たちの『給食のお野菜はおいしい！』『○○のお野菜が食べれるようになったよ』といううれしい声を聞き、食べられない食材も調理・調味を工夫すれば食べられるようになると確信し、私たちが作る手作りのお給食を『魔法のお給食』と名づけました。

好き嫌いがなくなることは、幼児の味覚が豊かになり食育にもつながります。

私たちが心を込めて手作りしている『魔法のお給食』を是非一度ご試食下さい。
食育に意識の高い父兄さまにも必ずご満足いただけるものと自負しております。次期園児募集の際のウリにしていただくことにもなると思います。
興味を持っていただけましたら、是非一度、魔法のお給食を食べてみてください。園長先生、保育士の先生方に、気軽にお試しいただけるよう幼稚園にて無料試食会を開催させていただきます。

まずは、お気軽にお問い合わせくださいませ。

敬具

無料試食会のお問い合わせ先　TEL:06-6552-2165

東邦食品　株式会社

⑦ＤＭ

6 「リアル」「ネット」の合わせ技一本で勝つ

売上をつくる活動を社内の人材で解決できるか

企業の生命線（売上をつくる活動）を素人スタッフに任せて乗り切れる時代なのかと言えば、難しくなっているといわざるを得ません。一昔前までは、それなりに結果を出せる時代だったのかもしれませんが、圧倒されるほどの情報と商品が溢れかえっている成熟時代のため、コストを抑えながら、集客や見込み客の獲得・育成など、成果を最大化させる手法は非常に複雑化しています。

例えば、ホームページ、ソーシャルメディアなどの「ネット」系、またはパンフレット、チラシなどの「リアル」系で発信する商品の主張がそれぞれバラバラであったとしたらどうでしょうか？お客様への見え方が統一できていないと、商品のブランド価値が構築できずに売上減や収益減となっている可能性が高く、このような状態では、なかなか結果が出せないのが現状ではないかと思います。

では、どうすればいいのか？　第2章で説明した「マーケティング」＝売上をつくる活動における「目標」と「戦略」、「戦術」をマネジメントしていくプロを社内で育成するか、社外のブレーンにサポートしてもらうかしなければ、マーケティング上の課題解決はかなり難しいというのが実感です。

昔だったら単一の広告、販促ツールでも充分結果が出せていたケースが多かったですが、現在では「リアル」×「ネット」の合わせ技で一本を取っていくイメージです。

御社の広告宣伝費はいくらですか？　活かす人材はいますか？

マーケティング活動を統括する人材のことを海外ではＣＭＯ（チーフ・マーケティング・オフィサー）と呼んでいます。日本風にいうと宣伝部長といったところでしょうか。ＣＥＯになる人は必ず経験するポジションなのにも関らず、中小企業のほどんどで宣伝部長にあたる人材がいません。ものづくり大国であるがゆえに「モノをつくる技術」は重視しても、「モノの良さを伝える技術」を重要視しない傾向にあるのかもしれません。

繰り返しますが、今後は単一の広告、販促ツールで売上を上げる活動の課題解決が難しい時代になります。経営におけるマーケティング予算＝広告費のバランスは、一般的な指標は年商の約３～10％です（業界によっては20％かけることもあります）。事業計画をしっかり立てて、取組んでいく必要性があります。

年商10億の企業で広告予算が10％の場合だったら、１億円が年間広告予算となります。この予算をどういう割合で「リアル」系、「ネット」系の広告、販促に振り分けるか？　どうやって組み合わせればベストパフォーマンスを出せるかという全体最適化を検討しなければ、市場で勝ち残れなくなってきているのです。

この旗振り役を担う宣伝部長（CMO的な役割を担う人材）を社内に育成するか、外部ブレーンにその役割の一部を担ってもらうかが経営において重要な時代になっていることを認識してください。

社内で育成する場合は、本書を是非とも参考にしてください。営業マンに「売って来い」では数字をつくれる時代ではなくなってきています。いまだに売上アップという課題に対して、営業マン頼みの企業は本当に多いです。宣伝部長が旗振り役を担う「マーケティング室」「営業企画」という部署の役割をプラスアルファして、営業部隊を活かすべきなのです。

宣伝業界では、マーケティング担当者を「マーケター」と呼びますが、過去に、私はこのマーケターを中心としたチームを立ち上げ、ある実験を試みたことがあります。

それは、法人営業を主体する、とあるベンチャー企業で営業マンチームとマーケターチームで新規顧客開拓を競わせてみたのです。

営業マン側は8人体制、一方のマーケター側はアシスタントを含めた3人だけです。結果はどうなったと思いますか？　たった3人のマーケターチームが勝利してしまったのです。このまさかの結果に、ベンチャー企業の社長も驚きを隠せませんでした。

それほど重要な役割を担う宣伝部長（マーケター）を社内で育成するか、外部ブレインとして雇うことはこれからの経営に必須です。是非とも検討してみてください。

終章　御社ならではのマリリン・モンローのほくろをつくれ！

1 「異彩を放つセールスポイント」を磨く＝個性を磨くということではないだろうか

マリリン・モンローも最強の２重構造を持っていた⁉

マリリン・モンローといえば、本書でフォーカスした「ほくろ」以外にもさまざまな魅力の「伝え方」を併せ持っていた女優です。代表的なものが、「モンローウォーク」と言われる独特なお尻を振りながらの歩き方です。一説によると、この歩き方をするために片方のヒールを低くしていたとも言われています。他にも「真っ赤な口紅」は、印象的なメイクの仕方であり、彼女の魅力を伝える手段だったのでしょう。

これら魅力の伝え方の土台になっているのが、「エキゾチックな顔立ち」「素敵な金髪」や「セクシーなボディ」といった彼女自身の魅力でした。

「ほくろ」といった伝え方のみで異彩を放とうとしても、土台である彼女自身の魅力がなければ人気は出な

【図表 57　マリリン・モンローの２重構造】

かったでしょう。

マリリン・モンローも本書でいう最強の2重構造「異彩を放つセールスポイントの土台」の上に「異彩を放つセールスポイントの伝え方」が乗っかっていたのかもしれません。

個性を極める商品ブランドづくりが重要

「異彩を放つセールスポイントの土台」のもとに「異彩を放つセールスポイントを伝える」ということは、個性を際立たせていくことになります。

マリリン・モンローがそうであったように、自らの魅力に気づいて、それをベースに他の競合がやっていないような、手垢がついていないことを意識して伝えること。それが現代社会にも通ずる個性の磨き方なのかもしれません。

マリリン・モンローに習って個性を際立たせなければならない厳しい時代背景に突入しているということも頭に入れておく必要があります。これからは、個性を極めていく＝エッジの効いた商品ブランドをつくっていかなければ競争に勝てないのです。

御社ならではのマリリン・モンローのほくろをつくってほしいと思います。そうしなければ益々厳しくなる経営環境を生き残ることができません。

次ページより厳しい経営環境が訪れる背景を説明しますので、是非とも参考にして個性を極めるための実践をしてください。

2　没個性でも売れた時代

個性がなくてもつくれば売れるという時代はあったのか

１９５４年（昭和29年）～１９７３年（昭和48年）を日本の高度経済成長期と言います。１９６４年の東京オリンピック、１９７０年の大阪万博といったイベントや、東海道新幹線、東名高速道路といったインフラの整備もあり、日本は急速に成長していきました。その結果、ＧＮＰが世界第2位になった時代です。図表58の１９５４年から１９７３年部分に注目してください。急激に人口が増えているのがわかります。この時代のメーカーは、こぞって三種の神器（テレビ、冷蔵庫、洗濯機）をつくれば売れる状態だったのです。当時は個性的な商品を考える必要はあまりありませんでした。

図表58の統計だと２０１０年を境に人口減少が始まっています。いろいろな説がありますが、その後の下がり方に注目してください。２０３５年あたりから、高度経済成長と対照的な逆の下がり方をしていませんか？　人口の要因だけで考えてみても、つくれば売れるというイメージとは真逆の状態だと感じるはずです。しかも、高度経済成長期の企業努力によって生み出された、あらゆる商品が氾濫しているのです。もう大変です。厳しい企業経営を強いられるのは、火を見るよりあきらかです。

【図表58　日本の人口推移】

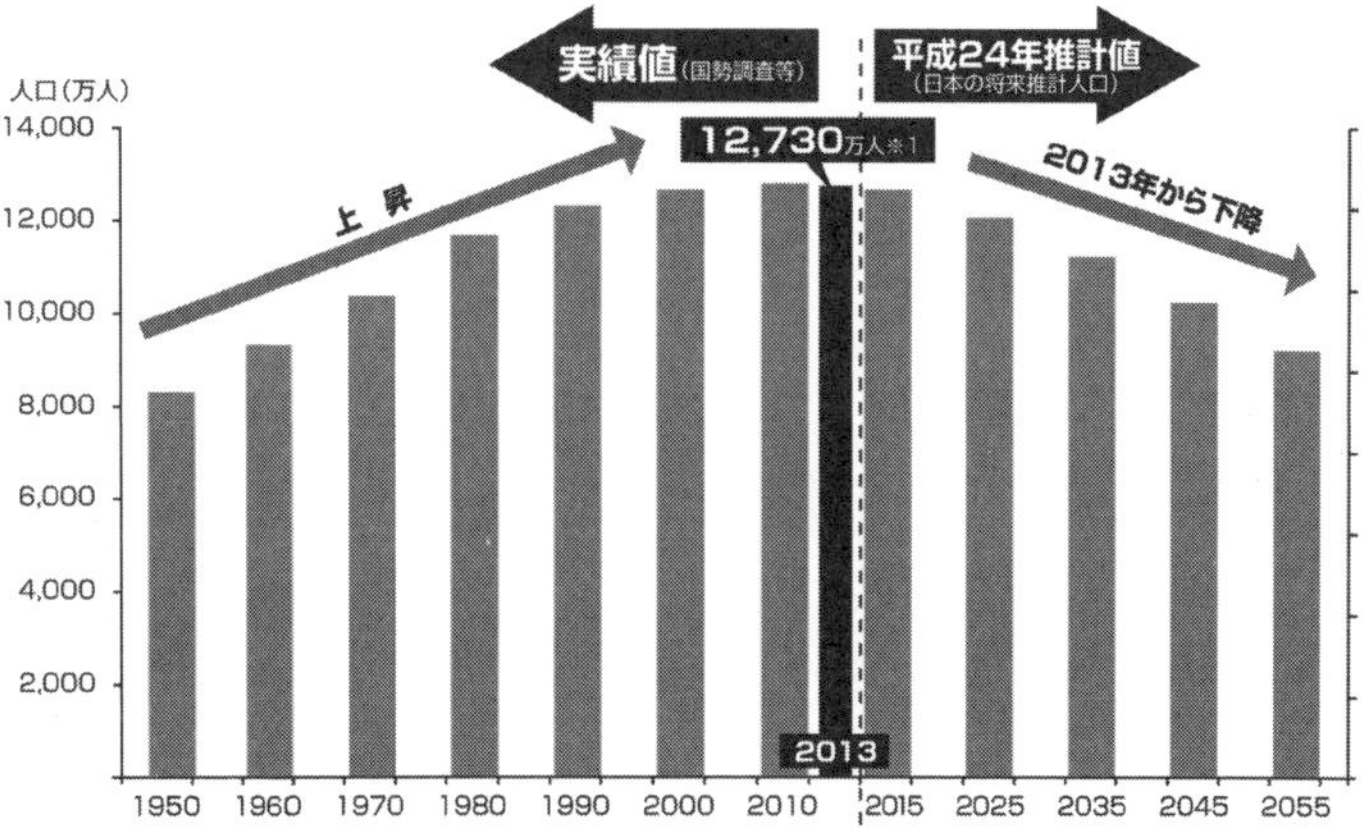

（出所）　総務省「国勢調査」及び「人口推計」、国立社会保障・人口問題研究所「日本の将来推計人口（平成24年1月推計）：出生中位・死亡中位推計」（各年10月1日現在人口）厚生労働省「人口動態統計」

※1　出典:平成25年度 総務省「人口推計」（2010年国勢調査においては、人口12,806万人、生産年齢人口割合63.8%、高齢化率23.0%）

没個性でも売れた時代を反面教師に！

一体どうすれば良いのだろうかという不安がよぎってきますよね。よくセミナーや本で出会う著名な経営者の経営マネジメントは、参考になる部分はもちろんあると思いますが、一点だけ注意があります。それは、高度経済成長時代に通用していたマネジメント手法は参考にならないということです。

我々は、今から誰も体験したことのない、経済衰退時代に突入します。この時代に成功させた経営マネジメント手法にお目にかかることはございません。冗談ではなく売上アップどころか、「売上維持します」というキャッチコピーでも大変貴重な時代になるのかもしれません。

とにかく日本の内需を考えると、すべての業界が超高速降りエスカレーターに乗っているような状態です。「どんどんくだる」まさにこのような状態でしょう。没個性でも売れた時代の経営マネジメント、考え方は通用しません。むしろ真逆の発想をしていかなければ、非常に危険なのです。

3 「異彩を放つセールスポイント」を放ち個性を磨け

似たような商品が生き残る唯一の道を御社は選べるか

ほとんどの企業は「個性」を磨いて、収益を上げていく戦略をとるべきです。しかし、唯一似たような商品でも勝つ戦略があります。それは、低価格戦略です。一番安く大量に売るやり方です。「違い」は価格だけなので、そこで勝負するという方法です。当然、資本が必要です。市場においてお金を潤沢に持っていないところが、絶対にとってはいけない戦略でもあります。自社の現状を見て、低価格戦略に耐えられる財力があるのであれば選択するのもありですが、そうでなければ絶対に選んではいけません。

「みんな一緒」から、「1人ひとり」へ

図表59は、成熟時代と成長時代との比較になっています。

高度経済成長期には、商品の種類も少なくて大量に販売すればよかったのです。そこで必要とされるのは、画一的な管理でした。いわゆる「言われたことをきっちりとやる」人事が適任だったの

【図表59　マネジメントキーワード】

成長時代	成熟時代
少品種大量生産	多品種少量生産
画一的な管理	不均一さのコントロール
言われた事をこなす	考えて行動する
モノが欲しい	モノより精神的充足
終身雇用	自己実現
協調性	自主性

です。

消費者のニーズは、「モノが欲しい」でした。企業も成長が見込まれていたので終身雇用を打ち出していました。働く人たちに求められていたのが、協調性だったわけです。

成熟時代には、すべてが真逆といっていいほどです。商品の種類は細かく分類され、小さなニーズにも応えるようにしていかなければなりません。当然、大量に売れるものは少なくなってきています。本などは、すでにその体制ができていて、本であれば一冊単位で刷れる印刷機械が登場しています。出版業界も多品種少量生産化しており、この変化についていけていない出版社なども経営が厳しくなってきています。

このような方法を支えるには、不均一さのコントロールが必要になってきます。その人材は、考えて行動する人材でなければこなせません。モノは有り余っているので、モノよりも精神的充足のニーズに変わってきています。若い人達は特に終身雇用を求めるよりも、自分の夢や希望を実現できるような環境を求めてきています。そこで自主性が発揮されるのです。

1人ひとりの「個性」に「個性」を届けろ！

マネジメントキーワードを一言でいうと「みんな一緒」の時代から「1人ひとり」です。言いかえると「個性」を求める時代といっても過言ではないでしょう。みんな「個性」を求めているのです。ですから、企業側も「個性」を打ち出し、「個性」を求めるニーズに応えていくことで、利益を出す時代なのです。

4　個性化の先に訪れる「誇り」という勝利の証

時代に合わせて「変える部分」と「変えない部分」

不易流行（ふえきりゅうこう）という言葉があります。松尾芭蕉が俳句の理念・哲学にしていたそうです。不易が「不変性」であり、流行が「時代性」という意味です。

企業経営における「不変性」であるべきものの1つが、本書で紹介させていただいた「コアプロセス」です。本書における重要な概念なのであらためて意味を掲載します。

「コアプロセス」とは、「内部の仕組み」領域において、決定したビジネスモデル戦略を実現するための企業独特のプロセス（手順）を指す。他では開発しにくく、それ自体がビジネスの強みとなるプロセスである。

すでに積み上げられている「コアプロセス」があるのにも関らず、「3ない」づくしの状態だと申し上げました。「3ない」づくしの内訳とは、「見えない」「使えない」「強化しない」です。

企業独特のプロセスを生み出す組織風土こそ個性

個性化が今後の企業の生き残り戦略に重要だと伝えさせていただきました。その突破口こそ「異彩を放ち「競合に勝つ」セールスポイント」をつくるという作業の中にあります。具体的にコアプロセスこそ個性化の鍵であり、企業の個性をつくりだしていく土台なのです。

組織風土　↓　努力や工夫で乗り越えてきたことの集合体　↓　コアプロセス

このように企業には、必ずコアプロセスになりうる組織風土と努力や工夫の経験値が蓄積されています。人に例えていくと、「らしさ」です。企業は法人とも呼びますから、法人としての「らしさ」こそがコアプロセスだと私は思っています。

ここを積み上げていくことが大変重要なことなのです。個性化していく際に本当に重要な行いだということを理解してください。この「不変性」をコツコツと積み上げていきながら、、時代の流行に合わせて変えるべきところを変えていけばよいのです。この部分が、流行つまり「時代や社会のニーズに合わせて変えるところ」となります。

「変えるところ」と「変えないところ」に気づく。そして「変えないところ」を積み上げていくことが真の個性化に他ならないのです。

自分の「らしさ」が、周りの人たちに役立ち認められる。嬉しいはずです。

なぜなら、自分自身に誇りが持てるからです。企業も同様です。個性化を推進し「企業らしさ」がお客様や取引先、社会から認められことは社員も嬉しいですし、もっとも嬉しいのは社長なのです。

成熟時代にもとめられるのは、自己実現です。社員、社長にとっても個性化をすすめることが企業にとっての自己実現に他ならないと強く確信しています。

※本書に掲載した事例は、弊社のクライアント様のご了解を得てご紹介させていただきました。この場をお借りしましてお礼申し上げます。

※本事例で掲載したキャッチコピー及び販促ツールは、コンサルティング支援中に策定、採用したものになります。

おわりに

２００８年10月30日に産み落とされた、私の処女作「御社の売上を増大させるＵＳＰマーケティング」明日香出版をベースに加筆、修正するつもりだったのが、本書です。処女作をベースに少しの加筆修正を加えれば、簡単に書き終えることができるだろうと高を括っていました。しかし、終わってみればほとんどが書き直しとなり、結構な歳月をかけてしまいました。

書き換えたところは、Ｈｏｗｔｏや事例など「変える部分」で、伝えたいことは「変えない部分」であり私の哲学です。ここは変わっていないことに気づかされました。

本書を書くにあたってお世話になった方々を紹介させてください。

私と共に現場で実践を繰り返していただいたクライアント企業の皆様。皆様の「異彩を放つセールスポイント」を掘り起こす体験こそがこの本のエッセンスになっています。本当に感謝致します。これからも応援させていただきたいと思います。傍目で皆様の光がまばゆいばかりに輝いていくことは本当にうれしいことであります。

家族の支えも本当に大きなものでした。いつも深い洞察とやさしい心遣いで支えてくれる弟「勇二」。本当にありがとう。私は団塊ジュニア世代。その親である団塊世代のお父さんが、面と向かって褒めるということは記憶にありませんでした。今思うと起業した動機も父に認めてもらいたかったからかも知れません。そんな父が私に、「いい仕事してるな」と認めてくれたことは本当にうれしかったです。ありがとう親父。そして、最愛の妻小百合へ。家事、そしてビジネスパートナーとしていつもご苦労様です。本当にありがとう。影ながら支えてくれるからこそ、私があります。本当にありがとう。それから、天国へ旅立ったお母さん。いつも仕事に対して、真摯に「変えないで良いところ」を積み上げていく姿には、本当にすごいことだとあらためて感じています。この本をあなたに捧げます。最後に我が息子大誠。おまえの「異彩を放つセールスポイント」はなんだろう？これから1つひとつ積み上げていくんだろう。おまえならではの強みに気づき、それを使いながら人生という道を進むといい。お父さんは影から支えていく、そんな役割に徹したいと思います。

日本には、磨けば光る優れた企業・商品の原石がごろごろしています。それらを掘り起こし、光を当て輝かせることは、企業のみならず日本社会発展に寄与することだと信じています。

特に日本経済を下支えする中小企業の「異彩を放つセールポイント」を磨いていくことでの発展は、メイドインジャパン＝日本の「異彩を放つセールポイント」となるはずです。これらを結集せねば今後の国際社会を生き抜いていくことができないでしょう。企業・商品の「異彩を放つセールポイント」を輝かせることは私の使命であり、本書がその一部の役割を果たすことを信じて疑いません。

今後も関わる企業の個性化に全エネルギーを投入し全力でサポートしていきます。それが私の個性化につながるからです。10年前に書き、処女作の巻末に掲載した詩は、修正することのない不変のものでした。最後にそちらを紹介して筆をおかせていただきます。

みんな宝石
あなたの宝石は何色だい？
えっ自分の宝石知らないの？
いろんな角度や色で
光っているんだよ。
鏡に向かってきいてみな
とてもキレイに光っているよ。
他人の宝石はキレイに見えるけど
自分の光に気づいていないだけ
それぞれ、とても素敵な宝石なんだ
あなたの宝石わかったかい？
個性という光が
力強く輝く宝石さ

２０１８年2月25日　四季を感じられるオフィスにて
加藤洋一

著者略歴

加藤　洋一（かとう　よういち）

株式会社Ｕ．Ｓ．Ｐ　代表取締役
社外宣伝部長®　JCAマスタービジネスコンサルタント

世界28カ国語で刊行され、一流企業やビジネススクールで50年以上読み継がれた広告・マーケティングの名著であるロッサー・リーブス唯一の著作「ＵＳＰ売上に直結させる絶対不変の法則（邦題）」の監修者。同書の原理原則を広告予算の潤沢ではない中小企業に応用し、USPマーケティング®、コアブランド戦略®といった再現性のあるフレームワークを開発してきた。それらをマーケティング、ブランディングの現場で実務担当者として実践し、数々の成功を支援してきた。著作には、『御社の売上を増大させるUSPマーケティング』（明日香出版）、『小さな会社がNo.1になれるコアブランド戦略』（PHP研究所）、『「高売れキャッチコピー」がスラスラ書ける本』（同文舘出版）、『売上74倍を達成した原動力 戦略的展示会出展法』（ミチテラス出版）他がある。

マリリン・モンローの「ほくろ」をつくれ！
―異彩を放ち「競合に勝つ」セールスポイントのつくり方

2018年４月20日　初版発行　　2018年５月15日　第２刷発行

著　者　加藤　洋一　©Yoichi Kato
発行人　森　　忠順
発行所　株式会社 セルバ出版
〒113-0034
東京都文京区湯島１丁目12番６号 高関ビル５Ｂ
☎03（5812）1178　FAX 03（5812）1188
http://www.seluba.co.jp/
発　売　株式会社 創英社／三省堂書店
〒101-0051
東京都千代田区神田神保町１丁目１番地
☎03（3291）2295　FAX 03（3292）7687

印刷・製本　モリモト印刷株式会社

Printed in JAPAN
ISBN978-4-86367-412-7